7年で資[illegible]を達成した
アラサー夫婦の
ゆる[illegible]セミリタイア

Prologue

僕たちについて

はじめまして。沖縄でセミリタイア生活を送る、アラサー夫婦と申します。YouTubeチャンネル「アラサー夫婦の沖縄移住セミリタイア計画」を中心に、インスタグラムやTwitterなど各SNSで、僕らの実体験をもとに投資やセミリタイアのコツをお伝えしています。

とはいえ、僕たちも最初から投資に詳しかったわけではありません。社会人として働き始めたころは、奨学金やスキューバダイビングの資格費用などで夫婦合わせて600万円もの借金があり、給料が入ったら入った分だけ使う、凡人以下のマネーリテラシーしか持っていませんでした。また、二人とも経済的に余裕がある家庭ではなく、一時期、妻は実家に仕送りをしていたことも。夫は専門学校卒の理学療法士、妻は高卒のアパレル販売員で、高学歴でもなく、稼ぎも平均的。そんな僕らが知識を味方につけ、お金に働いてもらうことで、2022年5月には夫婦で会社員を辞め、6月末には沖縄移住を果たしました。今は、海まで歩いていける家でセミリタイア生活を満喫しています。

この本でお伝えしたいのは、お金持ちの家に生まれなくても、金融知識がゼロでも、凡人以下の人間でも、セミリタイアを目指すことはできるということ。もっと言えば、生まれ持ったものではなく、これからの努力と知恵で、豊かで幸せな人生は送れるということ。

マイナスからのスタートだった僕らの知見が、みなさんのお役に立てますように。

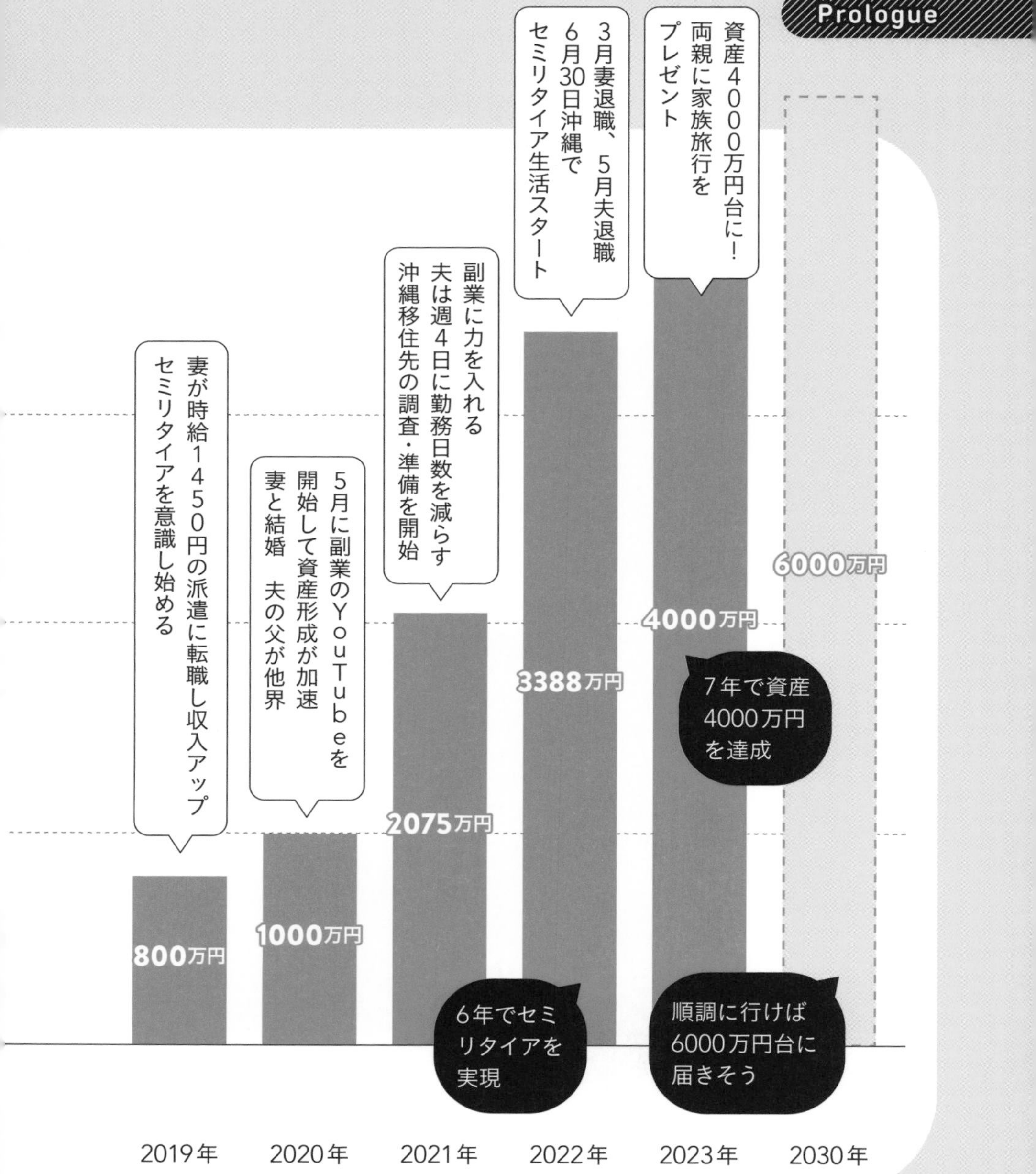

2019年
800万円
妻が時給1450円の派遣に転職し収入アップ
セミリタイアを意識し始める
2020年
1000万円
5月に副業のYouTubeを開始して資産形成が加速
妻と結婚　夫の父が他界
2021年
2075万円
副業に力を入れる
夫は週4日に勤務日数を減らす
沖縄移住先の調査・準備を開始
6年でセミリタイアを実現
2022年
3388万円
3月妻退職、5月夫退職
6月30日沖縄でセミリタイア生活スタート
2023年
4000万円
資産4000万円台に！
両親に家族旅行をプレゼント
7年で資産4000万円を達成
2030年
6000万円
順調に行けば6000万円台に届きそう

アラサー夫婦の資産の推移

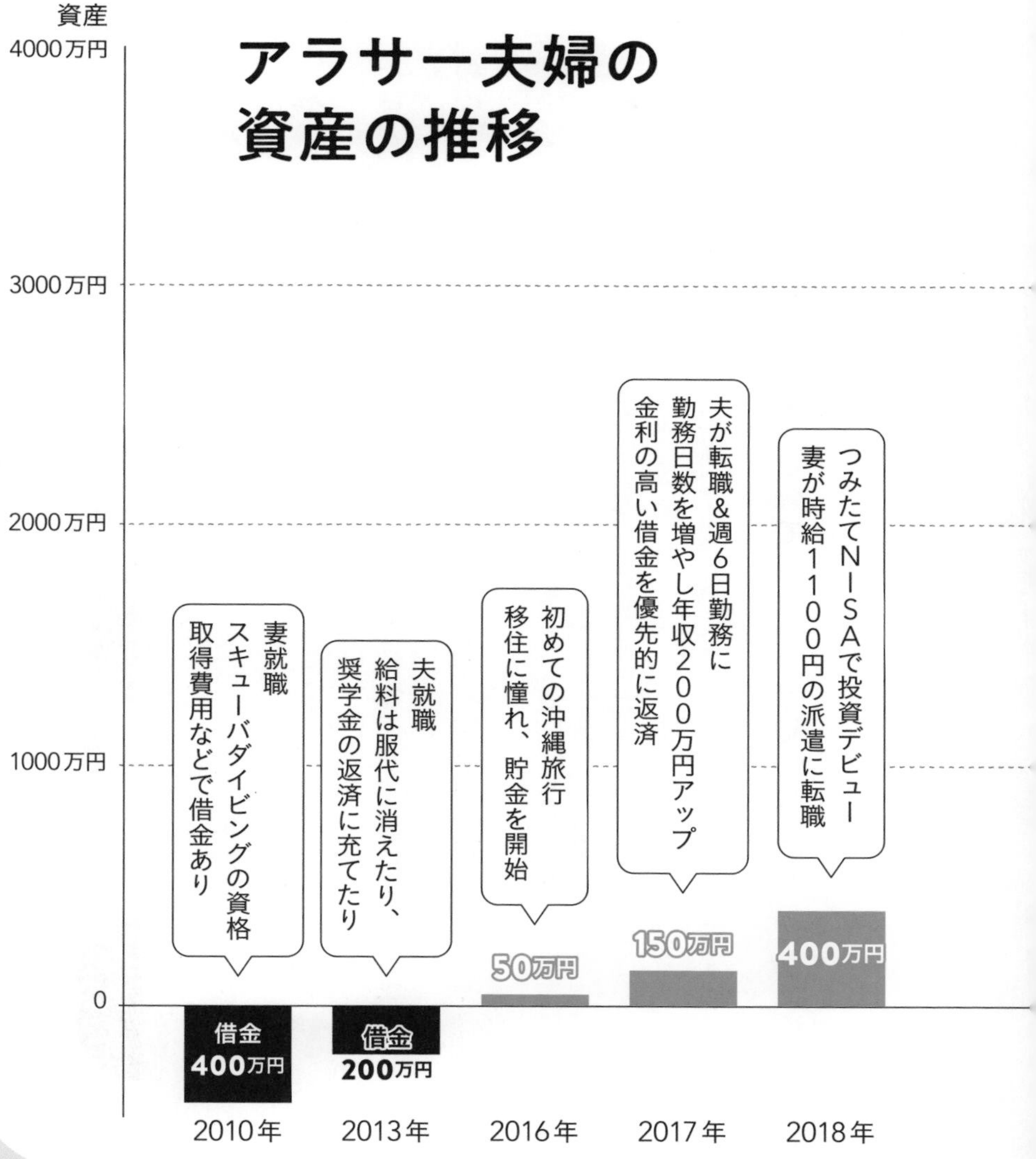

資産
4000万円
3000万円
2000万円
1000万円
0
妻就職
スキューバダイビングの資格取得費用などで借金あり
夫就職
給料は服代に消えたり、奨学金の返済に充てたり
初めての沖縄旅行
移住に憧れ、貯金を開始
夫が転職＆週6日勤務に
勤務日数を増やし年収200万円アップ
金利の高い借金を優先的に返済
つみたてNISAで投資デビュー
妻が時給1100円の派遣に転職
借金400万円
借金200万円
50万円
150万円
400万円
2010年
2013年
2016年
2017年
2018年

僕たちがセミリタイアを目指した理由

僕たちの最初の目標は、「沖縄で暮らしたい」という単純なものでした。妻の趣味がスキューバダイビングだったこともあり、年に何回か訪れるほど、沖縄が大好きな僕たち。ただ、何事も慎重派の僕は沖縄移住の現実について徹底的に調べました。すると、まず出てきたのが、沖縄の給料が低いということ。最低賃金790円（2019年）も平均世帯年収423万円（2019年）も全国ワースト。先に移住した人に話を聞くと、生活費のために昼は事務職、夜は飲食業とダブルワークしている人が多かったんです。これではせっかく移住しても、仕事に追われる毎日だとがっかりしました。

この状況、今は沖縄に限らず、日本全体に言えることですよね。戦争や円安の影響で物価は上昇するのに、収入はここ30年横ばい。自分たちの労働だけでなく、お金にも働いてもらうことが重要だと気づき、資産運用の勉強を始めました。

そこで出合ったのが、「セミリタイア」という言葉。現在の仕事を定年退職前に辞めて、趣味など自分の時間を楽しみながら、バイトや個人事業などで少し働く。労働収入が大幅に減る分、資産運用やそれまでの貯金で補うという考え方です。この言葉に出合ったとき、ビビッときました。僕らの目指していたものは、これなのかもしれないと。

もともと夫婦で共働きしていたときは、仕事に追われる毎日でした。アパレル販売員の妻は帰宅が23時になることもざら。勤務時間中はずっと立ち仕事です。僕も僕で肉体労働。仕事は忙しく、休憩時間がほとんどなく、お昼ごはんを食べられたらラッキーなくらい。気が休まる時間はありませんでした。やりたいと思ったときにできないことへのもどかしさ、体調がすぐれないときでも仕事をしないといけない不満が溜まっていきました。自分の人生なのに、自分に主導権がない状態、たった一度の人生なのにこれでいいのだろうか――。

たとえば、毎月の生活費が25万円なら貯金3000万円があれば、1年働かなくても暮らせる自由が得られます。1000万円あれば2、3年自由な時間が手に入り、その間に夢を追いかけることもできます。3000万円あれば老後資金も賄え、最低限の生活費も資産収入で賄えます。あとは娯楽費をプチ仕事で稼げばOK。つまり、資産があれば、自分の人生の大部分をコントロールできるのです。

そんな中、僕の父が61歳で急死しました。僕も同じ寿命だとしたら、あと30年しかない。なる早でやるしかない！　人生を後悔しないためにスイッチが入った瞬間でした。そこから家計管理の見直しや投資にいっそう力を入れ、YouTubeチャンネルを開設し、移住先の調査をし……全力投球していきました。

目的はお金ではなく豊かな暮らし

僕たち夫婦の共通の価値観として、「億万長者になりたい」「セレブになって豪遊したい」といった願望がほぼありません。お金はあくまで手段。自分たちが幸せに暮らすために必要な分だけあればいいというスタンスです。

たしかにある程度の金額まではお金と幸福度は比例するでしょう。でも、僕たちの何百倍もの資産を持っている人と、僕たちの幸福度に、それだけの差はないはずです。

セミリタイア生活中、資金が順調に増えてくれたので、「じゃあ結婚記念日に1泊20万円のホテルに泊まろうか？」と計画したのですが、僕らはどうしても予約ボタンを押せませんでした（笑）。代わりに僕たちは、それぞれの家族に沖縄旅行をプレゼント。祖母がもずく天ぷらの味に感動して美味しそうに食べていた姿は忘れられません。この先も、きっと僕らの思う「幸せ」は変わらないでしょう。

せっかくセミリタイアしても、パソコンの前で株式情報に張り付いて、資産を増やすことを目的にしてしまっては何の意味もありません。僕たちの幸せは、好きな時に海へでかけ、好きな時に人と会っておいしいご飯を食べ、ほどよく仕事をし、夫婦仲良く健康に暮らしていくこと。それにはいくら必要なのか、ここを見極めることがセミリタイアを目指す上で重要であり、資産形成のモチベーションにもなるはずです。

Contents

Prologue

CHAPTER 1 セミリタイアとは

CHAPTER 2 元手をつくる

CHAPTER 3 貯める

CHAPTER 4 増やす

投資を成功させる6つのマインド

こんなときどうする？ 教えてアラサー夫婦

Column 04

CHAPTER 5 セミリタイア達成後

Epilogue

CHAPTER 1

セミリタイアとは

早期リタイアするには
「何千万円、何億円という資産がないと難しそう……」
と思っていませんか？
でも、そんな高額な資産がなくても実現できるんです。
その方法としてアラサー夫婦が選んだのがセミリタイア。
資産だけでなく、アルバイトなどをして得られる
労働収入にも頼ることで計画から6年で実現できました。
セミリタイアがどんなものなのか
具体的に見ていきましょう。

セミリタイアとは

01

凡人以下でもセミリタイアは実現可能

セミリタイアと似た言葉で最近よく聞くのが「FIRE」や「アーリーリタイア」。仕事を早く退職して資産収入のみで生活していくスタイルです。当然、これには莫大な資産が必要になり、人によっては数億円が必要な場合も。一般人が実現するにはかなりハードルが高いです。

一方、セミリタイアは、読んで字のごとくSemi（半分）+Retire（退職）。完全に仕事をしないわけではなく、週2、3日ゆるく働きながら、足りない分を資産収入で補填する形なので、必要な資産額はグッと減ります。人によっては数千万円でも可能です。実際僕らも3388万円でセミリタイア生活に入りました。

FIREだと、仕事をせず、社会から離れて暮らす隠居生活のようなイメージもあると思いますが、僕らは逆。むしろ、経済的・時間的な余裕を得られた今だからこそ、我慢していたこと・本当にやりたいことを片っ端からやっているので、毎日忙しく充実しています。

セミリタイアとFIREの違い

アラサー夫婦はこちら

	セミリタイア	FIRE
収入	資産収入＋労働収入	資産収入のみ
社会とのつながり度	高い	低い
自由度	やや高い	高い
達成難易度	やや高い	とても高い

\POINT/

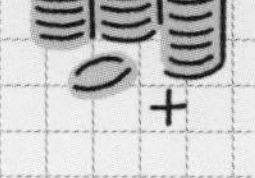

それなりの資産がないと実現が難しいFIREと比べてセミリタイアなら誰にでも可能性がある

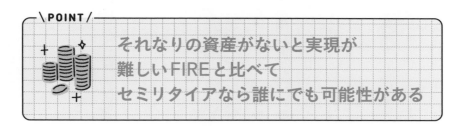

セミリタイアとは 02

6年でセミリタイアを実現

僕たちが転職するなど、本格的に資産形成を始めたのは2017年のこと。投資を始めたのは2018年。たまたま立ち寄ったコンビニで手に取った雑誌で、つみたてNISAが始まることを知り、知識ゼロの状態から始めました。

まずは、のちにご説明する「支出の最適化」を行い、家計管理をスタート。コツコツ貯金に励み、夫婦で抱えていた借金を金利の高いものから優先的に返済しました。あわせて、僕は同業他社へ、妻は正社員から残業代が出る派遣社員へと転職しました。借金600万円が2020年には資産1000万円に。地道に投資を続け、YouTubeなどの副業も開始。株式相場の急回復もあって、2021年5月には資産2000万円を超え、セミリタイア時には3388万円まで増えました。

夫婦一緒に退職するのには勇気がいったため、セミリタイアする1年前から僕の勤務日数を週6→5→4日と減らしていきました。これでもやっていけると自信がつき、2022年3月と5月にそれぞれ退職し、目標から6年後にセミリタイアを実現しました。

僕たちがセミリタイアをスタートしたときの資産の内訳

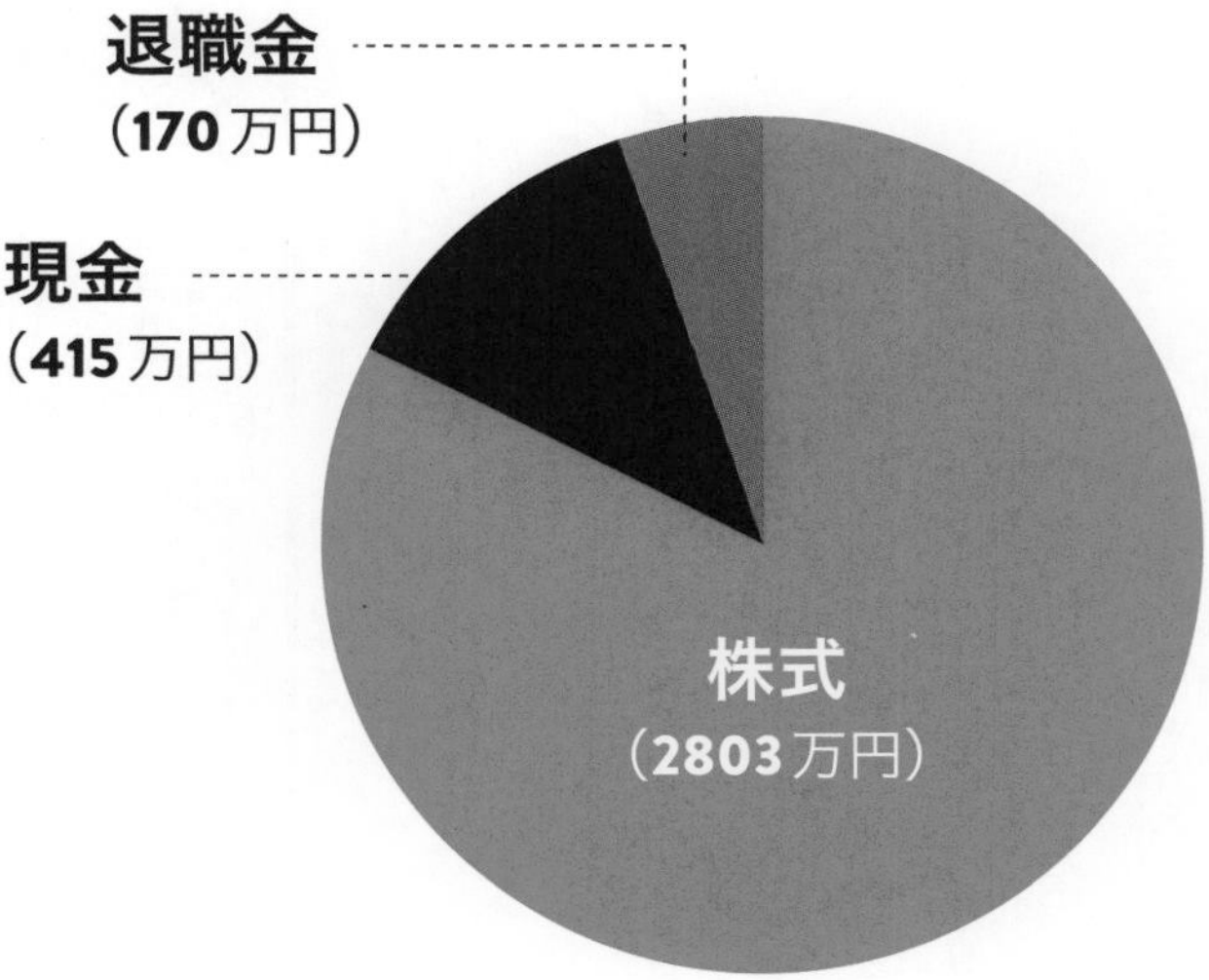

合計**3388**万円

\POINT/

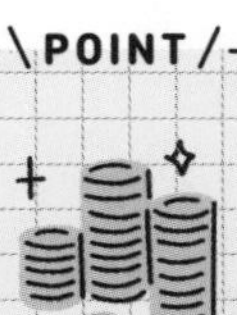

①収入を上げる②無駄遣いしない
③投資を継続する
6年間でやってきたことはその3つ

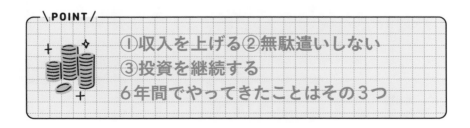

セミリタイアとは

03

セミリタイアに必要な資産額はいくら？

セミリタイアに必要な資産額は人それぞれです。僕たち夫婦の場合は約3300万円でしたが、田舎に移住して半自給自足のような暮らしをしたいのであれば、生活費もぐっと下がり、必要な資産額も減るでしょう。反対に、お子さんがいるご家庭であれば、教育費などもかかり、必要な額も増えると思います。まずはイメージしているセミリタイア生活の支出と収入を考えてみて、そこから必要な資産額を逆算することが大事です。

たとえば毎月の生活費が20万円、年間生活費240万円で想定した場合、半分を資産収入、半分を労働収入で賄うとすれば120万円ずつとなります。資産収入で年120万円を得ようと思ったら、一般的な運用利回り4％で逆算して資産3000万円が必要。一方労働収入で夫婦で年120万円稼ぐには、ひとり当たり月5万円の労働が必要ということがわかります。これならパート・アルバイトでも十分に稼げる額ですね。大切なことは、「自分たちの場合」で試算することです。

毎月20万円の収入を得るには

必要な年間収入は**240**万円

労働収入

120万円

共働き夫婦なら
ひとり月**5**万円
の収入でOK

資産収入

120万円

運用利回り**4%**なら
資産**3000**万円
が必要

\POINT/

アルバイトなどで一定の収入を確保できればハードルはぐっと下がる

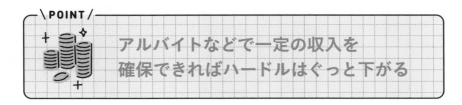

セミリタイアとは

04

セミリタイアに必要なのはお金の総合力

セミリタイアに必要なのは、稼ぐ力？　うまく投資できる金融リテラシー？　それとも厳しく家計管理をして節約することでしょうか？

結論は、総合力。家計管理をし、収入を増やし、できた貯金を賢く投資に回すこと。この3つの力が合わさって初めてセミリタイアが実現するのです。それぞれの力を「平均より少し上」を目指してバランスよく伸ばすことが大切です。たとえば、高収入だったとしても、どんぶり勘定で毎月の支出が多ければ資産形成はできません。逆に言えば、特別な才能を持った人でなくても、それぞれの力を少しずつ伸ばすことで、セミリタイアは実現できるのです。

また、セミリタイア生活を続けていく上では、投資だけでなく、税金や社会保険、年金制度などの知識も必要です。リタイア前には会社がやってくれていたことも、リタイア後は自分ですべて管理しなければなりません。まさにお金の総合力が重要なのです。

特別な力はなくてOK!

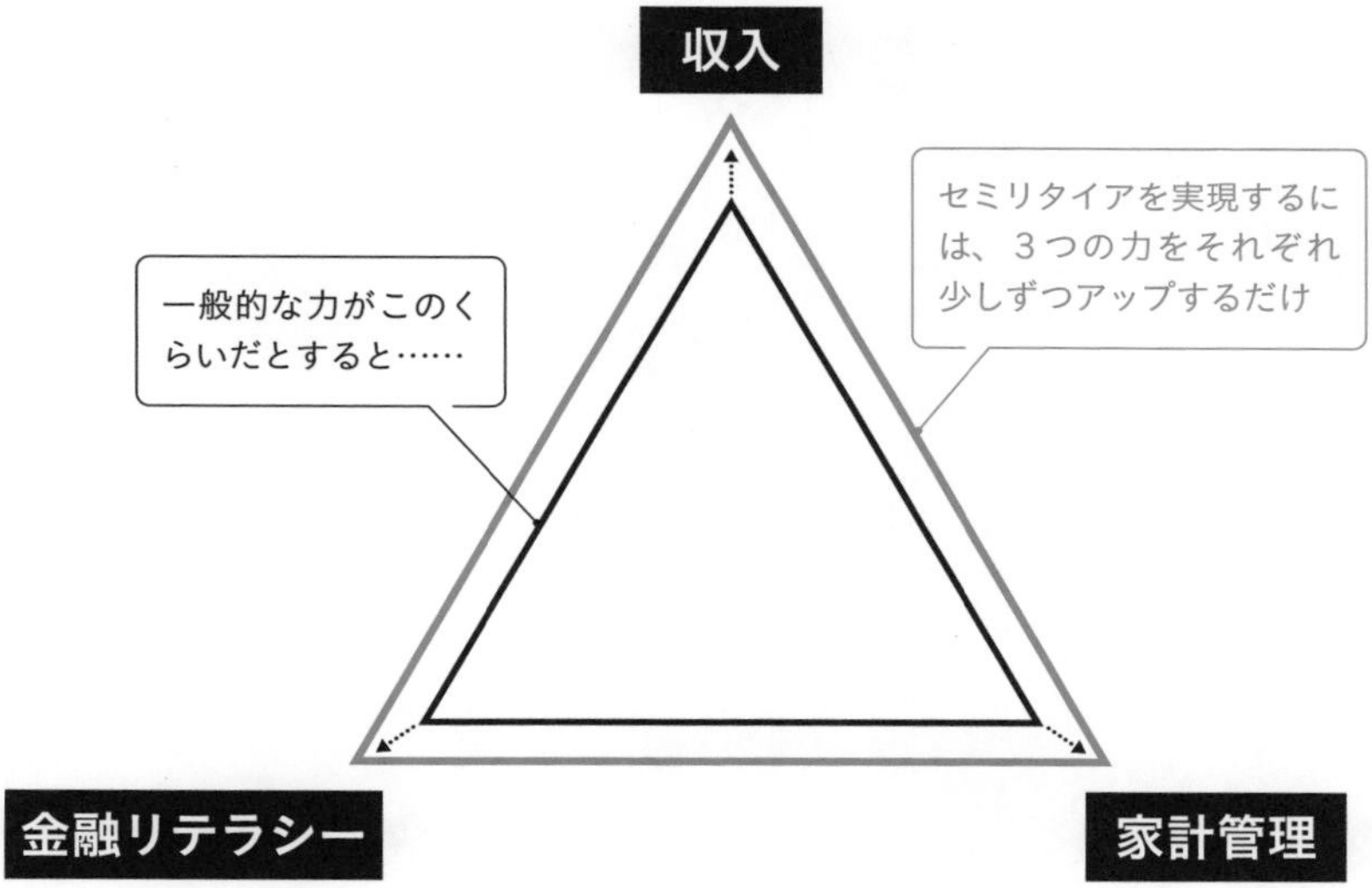

\POINT/

凡人はどれか1つを伸ばすよりも
3つの力を少しずつアップするほうが
効率がいい

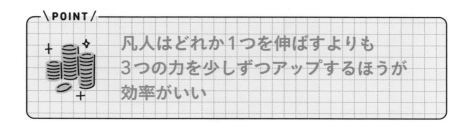

セミリタイアとは

05

最速でセミリタイアする方法

みなさんの中にはできるだけ早く今の仕事を辞めて、数年以内に自由な生活を手に入れたいという方もいるでしょう。僕たちもそうでした。一方で、20代・30代でセミリタイアする場合、元手となる資産があまり貯められないのがネックです。

そんな方におすすめなのが、収支均衡型のセミリタイア。一般的なセミリタイアは生活費の半分を労働収入で、もう半分を資産や配当金でまかなうので、ある程度資金力が必要になります。収支均衡型は生活費を労働収入だけでまかない、資産には手をつけないというスタイルです。そのため、必要資金は一般的なセミリタイアに比べて少なくて済み、資産が減っていくという不安からも解放されます。

仮に、独身30歳の人が30年後の老後資金として2000万円をつくりたい場合、資産形成のために必要な元手は、利回り4％で運用できたとしたら620万円です。これなら数年で貯められそうな気がしませんか？　20代・30代という夢や希望にあふれた貴重な時期にセミリタイアして自由に過ごしたいなら、この収支均衡型がおすすめです。

収支均衡型のセミリタイアがおすすめ

「**30**年後に**2000**万円あるといい」

30歳・独身男性の場合

↓ **生活費**

アルバイト・副業で稼ぐ

↓ **老後のお金**

30年後に2000万円を
手に入れるために必要な元手は

約**620**万円

※運用利回り4%の想定

\POINT/

生活費をプチ労働だけで賄えれば、元手1000万円以下でセミリタイアも可能

セミリタイアとは

06

最速でセミリタイアするマインド

セミリタイアは時間をかければ、実現性は高くなります。でも、僕たちのようになる速で、30代で、となるとやはり普通のやり方では間に合いません。僕らが影響を受けた言葉に、堀江貴文さんの著書『本音で生きる』にあった「バランスをとるな」というものがあります。何者でもない平凡な自分がなにかを成し遂げようと思えば、自分のエネルギーと時間を全力でつぎ込むしかない。大人になると何事も上手くバランスをとれる人が優秀とされる傾向ですが、バランスをとらない、というのは悪い意味ではなく、本当に大事なことに集中することなんです。

たとえば僕は資金を貯めるために週6日勤務をし、祝日や年末年始も出勤していました。帰宅後はＹｏｕＴｕｂｅの動画を週5本アップ。コロナ禍のときは、友人とも遊ばず、ひたすらお金を貯めていました。コロナショックの暴落時にはそのお金を一気に追加投資しました。そして、7年で資産４０００万円をつくることができたのです。

目的のためにはやはり多少のリスクをとって「はみ出す」勇気も必要です。

アラサー夫婦が影響された1冊

本音で生きる

著者：堀江貴文
発行元：SBクリエイティブ

\POINT/

重要なことに集中する。これが早期セミリタイアの極意

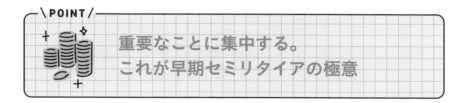

セミリタイアとは

07

心が折れそうになるときはセミリタイア後をイメージして！

セミリタイア達成までの道のりは、コツコツ働いて資金を貯めたり、お金が育つのを粘り強く見守ったり、思ったよりノロノロとしたスピードで、途中心が折れそうになることも。そんなときには、セミリタイア後の生活を具体的にイメージしましょう。

僕たちの例でいうと、「きれいな海がそばにある沖縄で、晴れた日には海で遊び、雨の日には仕事をする。週1回は外食したり、友人とカフェでまったり」。こんなイメージを夫婦で共有していました。または、セミリタイア後の1週間を想像してもよいでしょう。何日遊んで、何日仕事をするのかで、必要な生活費もイメージできます。

もしくは、「やりたくないことリスト」から考えてみるのも手です。満員電車に乗りたくない、朝早く決まった時間に起きたくない、みたいに「いやなことをしない生活」を想像すると、モチベーションを取り戻せます。

あとは、資産計画や目標を書いた紙をあちこちに貼って、意識づけするのも◎。夫婦の連帯感も高まります。

目標は常に目の届く場所に

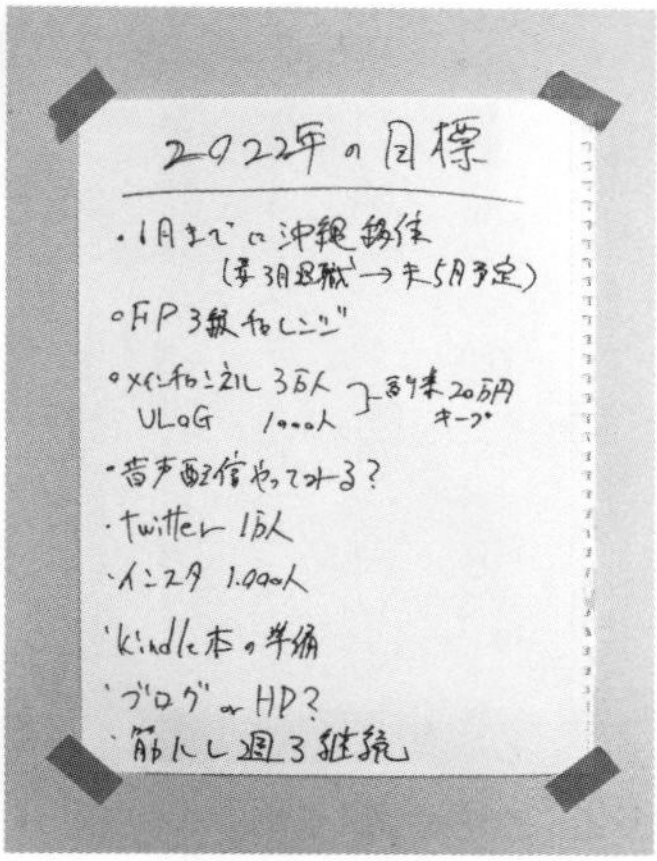

家のあちこちに
目標メモを貼って常に
考えるようにしていました。

\POINT/

目標を書き出すことで強く意識できるようになるのでおすすめ

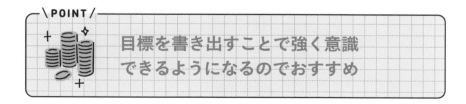

セミリタイアとは

08

早くセミリタイアするには複利の恩恵を受けるべき

投資は早く始めることが重要です。長期間運用できれば、複利の恩恵を受けられるからです。

複利とは、元本と元本に組み込まれる利息に対して利息がつくこと。左ページの図のように、元本が増えるだけでなく、利息額も上がっていきます。

たとえば、100万円を利回り4%で20年間運用したとします。単利の場合、1年目は元本100万円+利息4万円＝104万円になります。翌年も元本に利息がついて、計104万円+4万円＝108万円で、20年後は180万円となります。

一方で複利の場合、1年目は同じく104万円ですが、2年目は104万円が元本となり、それに利息がついて108万1600円となります。そうやって資産が増えていき、20年後には約219万円に。その差は約39万円。さらにあと10年運用を続けると、100万円以上の差がつきます。複利は期間が長いほど効果が大きくなります。

単利と複利の違い

単利

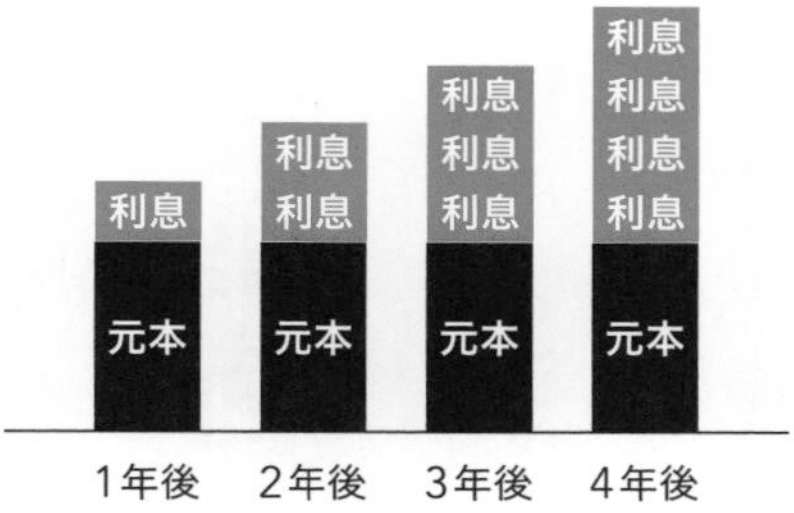

元本に対して利息がつく
元本・利息額は一定のまま

複利

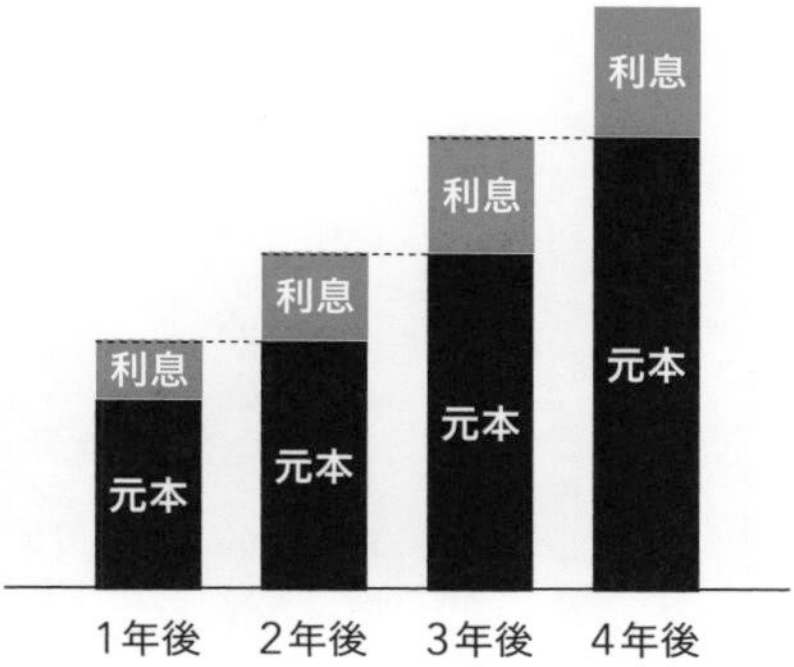

元本＋利息に対して利息がつく
元本額が増えるので
利息額もどんどん増えていく

\POINT/

複利は利息に利息がつくことで
加速的に資産が増える

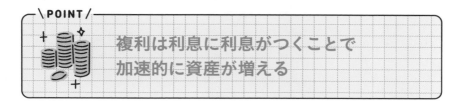

セミリタイアとは

09

自分だけのセミリタイア計画を立てる

理想のセミリタイア生活をイメージしたら、次は具体的な資産計画についても考えましょう。一般的にはライフプランニングと呼ばれます。

まず、結婚、マイカーやマイホームの購入、お子さんの進学などのライフイベントを年表のように1年ごとに書き入れ（ライフイベント表）、それらに対してかかる費用やその時点での資産額をシミュレーションします（キャッシュフロー表）。

これらを作ることで、具体的なお金の流れ、貯蓄可能額、資産額の推移を把握でき、自分たちに必要な資産額がいつまでにどれくらいあればいいかが見えてきます。作成後は少なくとも年1回は振り返り、その都度見直していきましょう。慎重派の僕はスマホのメモにライフプランを書いて、たびたび見ては計画を練り直していました。それがセミリタイアへの不安を和らげたり、資産形成へのやる気にもつながりました。

将来の年金額やインフレ率なども考慮した、より正確なものを作りたい人は、ＦＰ（ファイナンシャルプランナー）の無料相談サービスを使うのもよいでしょう。

ライフイベント表やキャッシュフロー表があるとお金の見通しを立てやすい

年	2023	2024	2025	2026	2027
経過年数	**現在**	**1年後**	**2年後**	**3年後**	**4年後**
パパの年齢	30	31	32	33	34
ママの年齢	28	29	30	31	32
子どもの年齢	3	4	5	6	7
ライフイベント			住宅購入	小学校入学	
パパの収入	430	430	430	430	430
ママの収入	410	410	410	410	410
一時的な収入			300		
収入合計	840	840	1140	840	840
基本生活費	260	260	260	260	260
住居関連費	140	140	160	160	160
車両費	30	30	5	5	5
教育費	10	10	10	10	10
保険料	30	30	30	30	30
:	:	:	:	:	:
年間収支	75	60	85	70	60
貯蓄残高	360	350	325	310	360

\POINT/

お金の動きを把握しやすいので
セミリタイアを目指さない人も
ぜひお試しを！

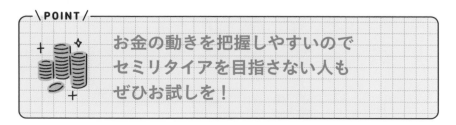

セミリタイアとは
10

セミリタイア時のリスクと事前に向き合い、不安を軽減

セミリタイアには不安はつきもの。気になる点を洗い出し、その場合はこうする、と予め予防策を立てておくことで、挫折を防げますし、リスクを軽減することにもつながります。一番心配な「資産が足りなくなる不安」には、ライフプランを今一度正確に作り直し、そもそもの目標プランにバッファ（余裕）を持たせておくことが大切です。収入源に対する不安には、一つの収入源ではなく、複数の仕事を持っておくことや、円満退職し、元の会社から仕事を回してもらったり、いざとなったら復職できる人間関係をつくっておくことが大事。仕事につながる資格や人脈を持っておくこともリスク管理になります。

基本的に、セミリタイアは働くペースを調整しやすい生き方です。ＦＩＲＥだと資産収入に完全に依存しているので、これが難しいです。お金が必要になったら、柔軟に働き方を変えていけばいいのです。

不安とその解決策

資産が尽きる ⇨
- ライフプランを作り直す
- 資産に余裕を持たせておく

収入源がなくなる ⇨
- 収入源を複数用意しておく
- 仕事につながるスキルや人とのつながりをつくっておく

教育費が想像以上にかかる ⇨
- 足りない分だけ働く
- 奨学金を借りる（子どもと一緒に返済する）

人とつながりがなく寂しい ⇨
- 趣味仲間を見つけたりコミュニティに入る
- SNSで価値観の合う人を見つける

＼POINT／

いざとなったら稼げるスキルや人脈があると安心

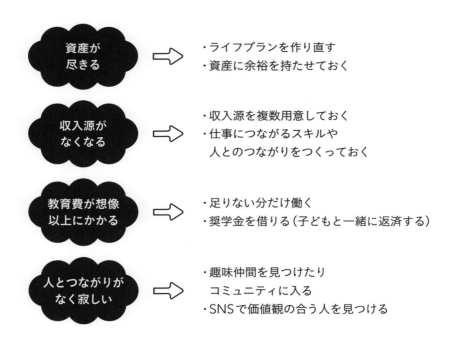

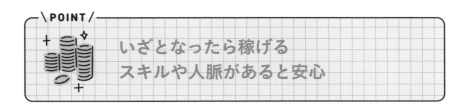

Column 01
Semi retire

セミリタイアに踏み切れた理由

よくセミリタイアやFIREでは、one more year syndrome（あと1年症候群）と言われるように、目標の資産額が貯まっても、あともうちょっと貯めてから……と、なかなか踏み切れない人が多いようです。

僕らの場合は、死生観と「なんくるないさー精神」によって、セミリタイアに迷わず踏み切れました。僕の父は61歳で亡くなり、人間いつ死んでもおかしくないということを痛感しました。飾っている父の写真を見るたびに、人生には終わりがあることに気づかされます。

もうひとつの「なんくるないさー精神」。沖縄の方言で「まあ、なんとかなるさ」という意味だと思っている方が多いと思いますが、正式には「まくとぅそーけーなんくるないさー」といって、「正しいことをしていればなんとかなる」という「人事を尽くして天命を待つ」に近い意味合いです。僕たちは、これまでセミリタイアするために考えたことはすべてやり尽くした。自分たちの中で納得感があったからこそ、あの時踏み切れたんだと思います。

モチベーション維持の方法

セミリタイアを目指す過程では、働きながら資金を貯める人が多いと思います。すると、周りはみんな堅実な会社員という環境になりますよね。こういった環境にいると、セミリタイアなんて非現実的なんじゃないか、叶わない夢なんじゃないかと自信をなくしたり、迷いが出やすいです。

僕たちのモチベーションのひとつに、セミリタイア仲間の存在があります。これまでの過程をＳＮＳで発信していたので、早い段階から、同志とつながることができました。中には、同年代で、僕らより先にセミリタイアを実現する人も。セミリタイア後の楽しそうな投稿を見ていると、「わ、いいな！」「こうなりたい」とやる気が出ましたし、実際に会って、アドバイスをもらうこともありました。すでに夢を叶えた人が周りにいることで、「僕たちだってできるんだ」と思えたことも大きかったです。ＳＮＳが苦手な人は、体験談の本を読むだけでも刺激をもらえると思いますよ。

CHAPTER 2

元手をつくる

資産形成のために
元手はそれなりに必要です。
収入を増やすためには転職のほか
副業はかかせません。
セミリタイアの実現を加速させるポイントにもなった
収入の増やし方を見ていきましょう。

増やす

01

本業収入を増やす

いくら節約しても、自分の年収が300万円だったら年間300万円以上貯蓄するのは難しいですよね。節約だけでは限界があります。そのため、早くセミリタイアしたい人には収入アップが不可欠です。

まず僕たちは本業の収入アップを目指して、夫婦ともに転職しました。理学療法士の僕は同業他社へ転職して年収が約100万円アップ。加えて、勤務形態を自分で選べる会社だったので、週6日勤務にし、さらに100万円アップしました。妻はアパレルの正社員として働いていましたが、毎日深夜まで働いているにもかかわらず、思うように給料が上がらず、派遣社員に働き方を変え、年収100万円アップ。世帯年収を660万円から960万円までアップすることができました。

さらに、会社員時代に収入を上げておけば、その分、厚生年金を多く納付することができ、将来受け取れる年金が増えるメリットも。まずは、本業収入のアップから目指してみましょう。副業をするのはそれからでも遅くはないです。

僕たちの世帯年収

660万円

↓

妻

時給のいい派遣に転職

年収**100**万円アップ

夫

転職＆週６日に勤務日数を増やす

年収**200**万円アップ

↓

960万円

＋300万円

＼POINT／

節約するより、転職するなど収入を増やしたほうが効果的

増やす

02

副業で資産形成をスピードアップ

副業収入はセミリタイア実現までの期間を大きく左右します。実際、僕たちが6年でセミリタイアできたのも、YouTubeを主とする副業収入によるところが大きいです。また、副業はセミリタイア後の収入源ともなり、実際セミリタイアをしている人の多くが何かしらの個人事業を営んでいます。

さらに、副業収入には条件によっては社会保険料が収入から引かれないケースもあります。手取り収入を本業よりも効率よく得られるのです。

とはいえ、誰もがインフルエンサーやYouTuberになれるわけではありませんよね。手っ取り早く収入を増やす方法としておすすめはスキルシェアサービス。イラストや写真撮影など自分の持つスキルをネット上で売るというもの。元手がかからず挑戦のハードルも低く、金銭的リスクが少ないのがポイントです。プラットフォームも増えているので、本業や趣味で身につけたスキルを活用してみましょう。

副業のメリット

① 資産形成がスピードアップする

② セミリタイア後の収入源になる

③ 必要な資産額が減る

④ 節税しやすい

\POINT/

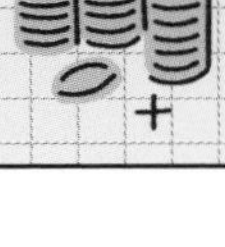

6年でセミリタイアできたのは副業のおかげ

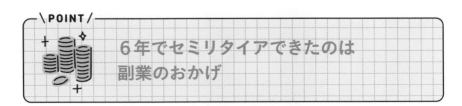

増やす

03

アルバイトは最も確実性が高い収入の増やし方

一般的にアルバイトは副業としておすすめされません。本業に加えてアルバイトをすると、当然労働時間が長くなり、肉体的にきついからです。

ただ、個人的にはこれほど確実性が高い収入アップ方法はないと思っています。働いたら働いた分だけ確実に、そしてすぐにお金が入る。心身を壊さない程度に期間を決めてやるのであれば、選択肢としてアリでしょう。早く現金が貯まれば、早く投資を始められ、その分資産が増えていきます。僕自身、アルバイトではありませんが、4年間、週6日勤務をしたからこそ早く資産を増やすことができました。時には短期集中で、ちょっと頑張ることも必要かなと思います。

アルバイトのメリット

① 最低賃金が保障されている

② すぐに収入が得られる

③ 収入額の見当がつく

④ 労働時間を調整しやすい

⑤ ノーリスクで始められる

＼POINT／

着実に収入を得られる
アルバイトがおすすめ

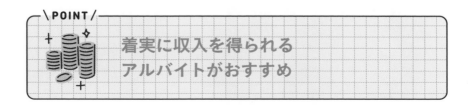

増やす

04

夫婦それぞれの長所を生かす

共働きであることはそもそも資産形成で有利ですが、お互いの得意不得意を把握して役割分担することでもっと効率よく、夫婦仲良く元手を増やせます。

僕たちの場合は、投資の知識が豊富で、勉強好き、計画性もある夫がYouTubeの構成や資産形成を担当。調理師免許を持ち、デザイン力もある妻が家事全般とYouTubeのイラストや配色などを担当しています。時々、「自分ばっかり頑張ってると喧嘩することはないの？」と質問されますが、お互いが役割を果たしているという実感があるので喧嘩になりません。僕は妻が暮らしの基盤を整えてくれているからこそ、副業に全集中できました。DM（ダイレクトメッセージ）やコメントへの返信は、人の気持ちに寄り添える妻の得意な仕事です。

もし自分の長所が見つからないという方は、身近な人に聞いてみると意外な長所に気づけるはずです。

夫の得意なこと

- 資産管理
- 家計管理
- 力仕事
- パソコン作業
- 継続
- SNS発信
- 俯瞰して見ること

妻の得意なこと

- 料理・お菓子作り
- コメントへの返信
- 人付き合い
- イラスト作成
- 整理整頓
- 楽観的に考えること

\POINT/

お互いの長所・短所を知ることから始めよう

増やす

05

働き方にも分散が必要

副業はセミリタイア後の収入源にもなると考え、業種や働き方を選ぶとよいでしょう。その時に重要なのが、労働の〝質〟と〝業界〟を分散させること。

僕たちを例にすると、夫の本業は理学療法士、妻はアパレル販売員でどちらも体力仕事です。もし、事故などで以前のように動けなくなってしまうと、元の職業への復帰は難しい。そこで、副業はパソコンひとつあればできる仕事から選びました。僕たちは沖縄移住も前提だったので、どこでもできる仕事というのもポイントでした。反対に今後YouTubeで収入が得られなくなっても、健康でさえいれば理学療法士として働けます。

また、家族間でそれぞれ違った業種の仕事をすることも重要です。働いている業界が不況になったとき、夫婦ともにリストラや収入減になるリスクを防げるからです。投資と同じく、働き方も「分散」がポイントです。

	本業		副業
夫	理学療法士  体を使った仕事がメイン	＋	動画配信  パソコンと机があれば どこでも作業できる
妻	アパレル販売員  華やかな世界に見えて 実は体力仕事	＋	イラストレーター  必要なのは センスとアイデア

＼POINT／

**もし、大きな怪我をして
元のように動けなくなっても
デスクワークの仕事なら続けられる**

増やす

06

ストック型の仕事で効率よく元手を増やそう

よくビジネスモデルの種類としてフロー型とストック型が挙げられますが、これは個人の仕事においても当てはまります。フロー型はアルバイトや小売りなど、働いた時間や売り上げに応じてその都度お金が得られる仕事。ストック型は仕組みをつくって継続的に収益を上げる仕事。オンラインサロンやＫｉｎｄｌｅの自費出版などのストック型は、会員数や利用者数を増やすことで、収益も増えていきます。ＹｏｕＴｕｂｅもこれに当たります。

効率がいいのはストック型。会員数が増えてくれれば、労働時間を減らすことも可能です。僕たちも昔は動画を週５本投稿しても数万円しか入ってきませんでしたが、登録者が増えた今では週１、２本でも十分生活費を賄えています。

ここで誤解してほしくないのが、フロー型がダメと言っているわけではありません。先程紹介したアルバイトのように、なにを重視するかによって選択していきましょう。もちろん、両方チャレンジして自分に合っている形を見つけるのもアリです。

＼ アラサー夫婦はこちら ／

フロー型

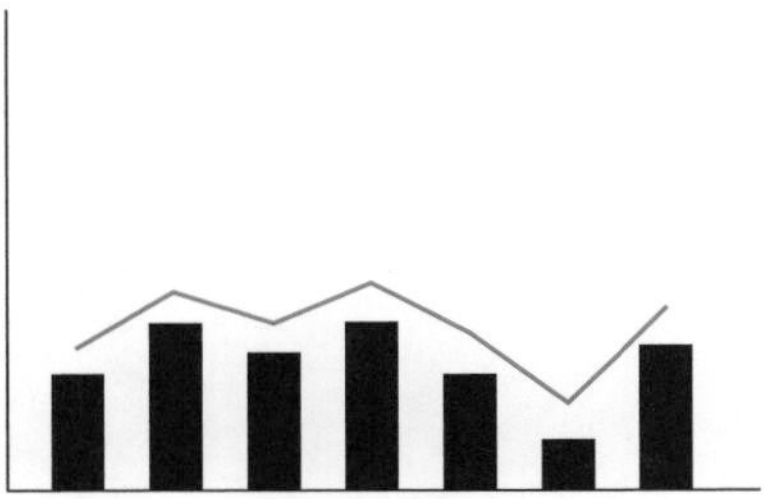

すぐに収入を得られるが
自分自身が資本になるため
働き続ける必要がある

ストック型

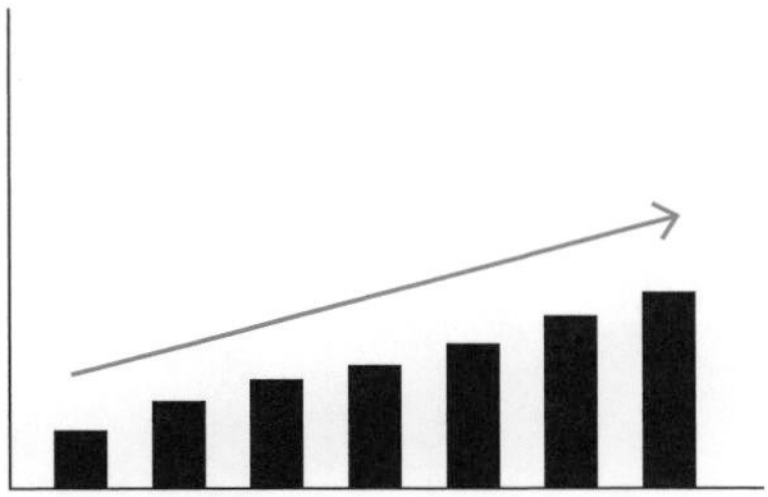

収益を出すまでに
時間はかかるものの
安定した収入を見込みやすい

＼POINT／

**ストック型はスキルが
必要なものの、波に乗れば
継続的に収入を得やすい**

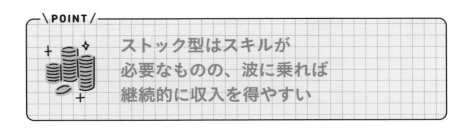

増やす 07

1年で1000万円が2000万円になった理由

2020年に1000万円だった僕たちの資産は、2021年には一気に2000万円まで拡大しました。ただし、それは投資で大儲けしたわけではありません。たしかに、コロナショック時に買い増した株がその後回復し、大きな利益を上げましたが、それだけでプラス1000万円になったわけではなく、本業を週6日にしたことや、副業のYouTubeが軌道に乗ったこと、もろもろ含めてのプラス1000万円です。

たとえば1000万円を全額投資に回したとしても、利回り4%の運用なら、40万円しか増えないことになります。運用してすぐの頃は、含み益が少なく、実感もわきにくいと思います。投資に期待しすぎない、頼りすぎないことも大切です。

とはいえ、まず始めることも大事。僕たちがコロナショック後の株価上昇の波に乗れたのも、それまでに投資をし、経験を積んでいたからこそです。

地道な努力のおかげで大台に！

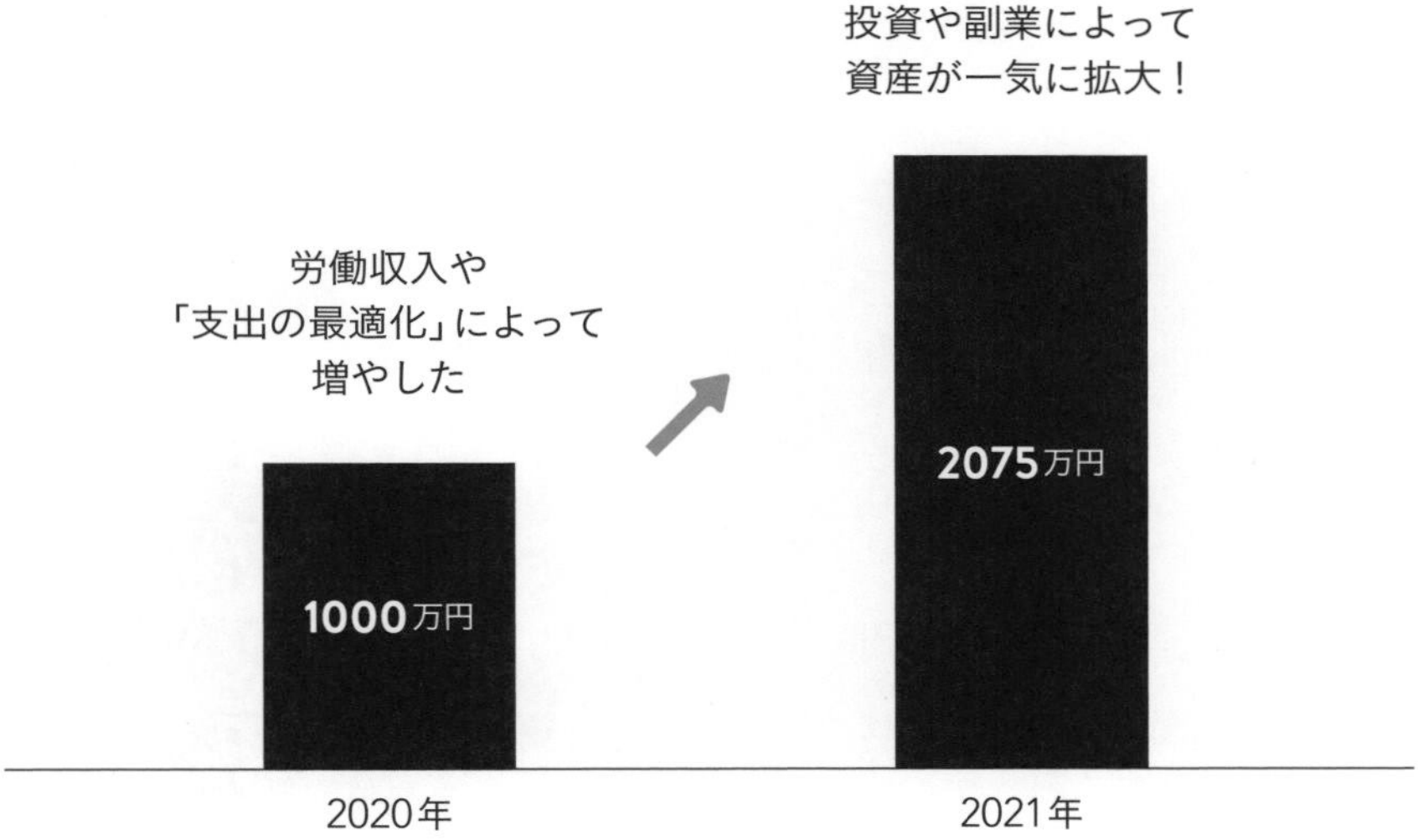

\POINT/

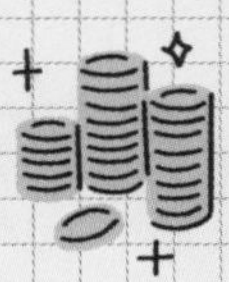

**投資だけでなく収入アップや
家計管理なども資産増加につながった**

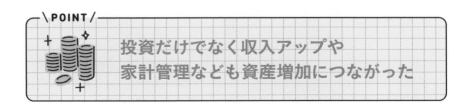

増やす

08 セミリタイアの必要資金がFIREより少ない理由

セミリタイアとＦＩＲＥの大きな違いは、実現後の労働収入があるかないかです。労働収入があるセミリタイアはＦＩＲＥより必要資金が少なくてすむのです。たとえば、月10万円の収入を得るためには、運用利回り４％の場合、労働収入がゼロのＦＩＲＥだと資産運用の元手に３０００万円が必要になります。これがセミリタイアの場合、月３万円の労働収入があるだけで必要な元手は２１００万円まで減ります。月５万円分の労働をすれば、元手は１５００万円あればＯＫ。その分、早く目標資金を貯められて、早くセミリタイアを実現できるのです。

また、セミリタイアの場合、資産収入だけに収入源を依存していないので、金融危機や暴落時に柔軟に対応できます。大きく株価が下がっている時に株式を売却すると、一気に資産が減ってしまいます。そんな時だけ少し多めに働いて、資産の目減りを緩やかにすることもセミリタイアなら容易です。労働収入は資産形成中の「攻め」、セミリタイア後の「守り」のような役割を担ってくれます。

月10万円の収入を得るには

資産収入のみ の場合

必要な資金は3000万円

資産収入 ＋ 労働収入 の場合

労働収入が月3万円なら必要な資金は2100万円

労働収入が月5万円なら必要な資金は1500万円

※運用利回り4%の想定

\POINT/

労働収入の有無によって
必要資金は大きく変わる

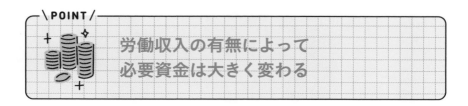

Column 02
Failure cases

「うまくいかなかった……」副業失敗例

目標資金に早く到達するためいろんな副業にチャレンジしましたが、なかには失敗もありました。

たとえば、コウモリランというシダ植物のネット販売。植物マニアの間では数万円で取引されることもあります。元々僕が植物好きで趣味と実益を兼ねて始めたんですが、一時は狭いワンルームで１００株以上の苗を育てて、ベランダは洗濯物が干せない状態に。植物なので枯らすこともあったり、梱包、発送と作業時間も多かったり、結局得られた純利益は10万円ほど。効率の悪い副業でした。

一時期やっていたポイ活も、ポイントのために不要なものを買うといった本末転倒な結果になりがちで、今はクレジットカード利用で自動的につくポイントのみにしています。せどりも検討しましたが、あまり魅力を感じなかったので、手を出しませんでした。

じつは、植物栽培は沖縄で再チャレンジ中。趣味の延長として楽しんでいます。

植物の販売にもチャレンジ！

家じゅうコウモリランでいっぱいのときも。

CHAPTER 3

貯める

お金を貯めるのは地道な作業。
コツコツを積み重ね、
やりたいことや欲しいものを我慢する日々。
すぐに結果が出るわけではないので、
ときには心が折れそうになることもあります。
それでもアラサー夫婦が頑張れたのは、
理想の未来をしっかりイメージできていたから。
そんな前向きな気持ちこそ、
お金を貯めるのに大事な要素なのです。

貯める
01

節約ではなく『支出の最適化』

お金を貯めると聞くと、「節約」を思い浮かべる人が多いと思います。でも買いたいものや食べたいものを我慢する生活は楽しくないですよね。将来の幸せも大事ですが、今の幸福度も下げたくない。そこで「支出の最適化」を目指しました。

「支出の最適化」というのは、お金を使わないのではなく「上手に使う」という方法です。支出には家賃、食費、光熱費、娯楽費などさまざまな費目があります。その中で、自分が価値が高いと考える費目にはお金を出し、不要と感じる費目は支出を削るのです。たとえば、僕らは結婚前からずっと同じ1Kに住んでいました。じつは沖縄移住後の今の住まいも1Kです。僕らにとって家は優先順位が低く、狭くても古くても二人が仲良く暮らせればOKだから苦ではないんです。逆に、交際費はあまり削りません。人とのつながりはプライスレス。実際、SNSを通じて知り合った人とお会いして、仕事を紹介してもらうこともありました。このように、出すところは出す、締めるところは締めることで、前向きな気持ちのままお金を貯めることができるのです。

節約	支出の最適化
●とにかく我慢	●前向きな気持ち
●ケチケチする	●主体的な姿勢
●楽しくない	●価値を感じるものに使う
	●幸せにつながる
⇩	⇩
ネガティブなイメージ	**ポジティブ**なイメージ

\POINT/

「支出の最適化」ならストレスなくお金を貯められる

貯める

02

「支出の最適化」のポイントは『家計の見える化』

僕たちは「家計簿！簡単お小遣い帳」というアプリを共有し合って家計管理をしていました。とくに効果が現れたのは妻のほう。アパレル販売員という仕事柄、以前は服や美容にお金をかけ、給料が入ったら入った分だけ使い、貯金額20万円を超えることがありませんでした。それが家計簿で自分が何にどれだけ使っているか「見える化」したことで、意識できるようになり、買い物をする前に「本当に必要か」を考えるように。

さらに、家計簿アプリでは費目別の支出が家計の何パーセントを占めるのかも「見える化」してくれます。それを見ながら毎月1回夫婦で話し合い、お金を払うほどの価値を感じない費目から支出を減らしていきました。たとえば僕は車は持たず、原付バイクで通勤。妻はそれまで頻繁に行っていたネイルやまつげエクステ、まつげパーマをやめました。代わりに食事や飲み会などの交際費にはお金を出していたので、ストレスなく貯金生活を続けられました。家計を共有することで、お互いの頑張りもわかりあえ、モチベーション維持につながりました。

家計管理に役立つアプリは「家計簿！簡単お小遣い帳」

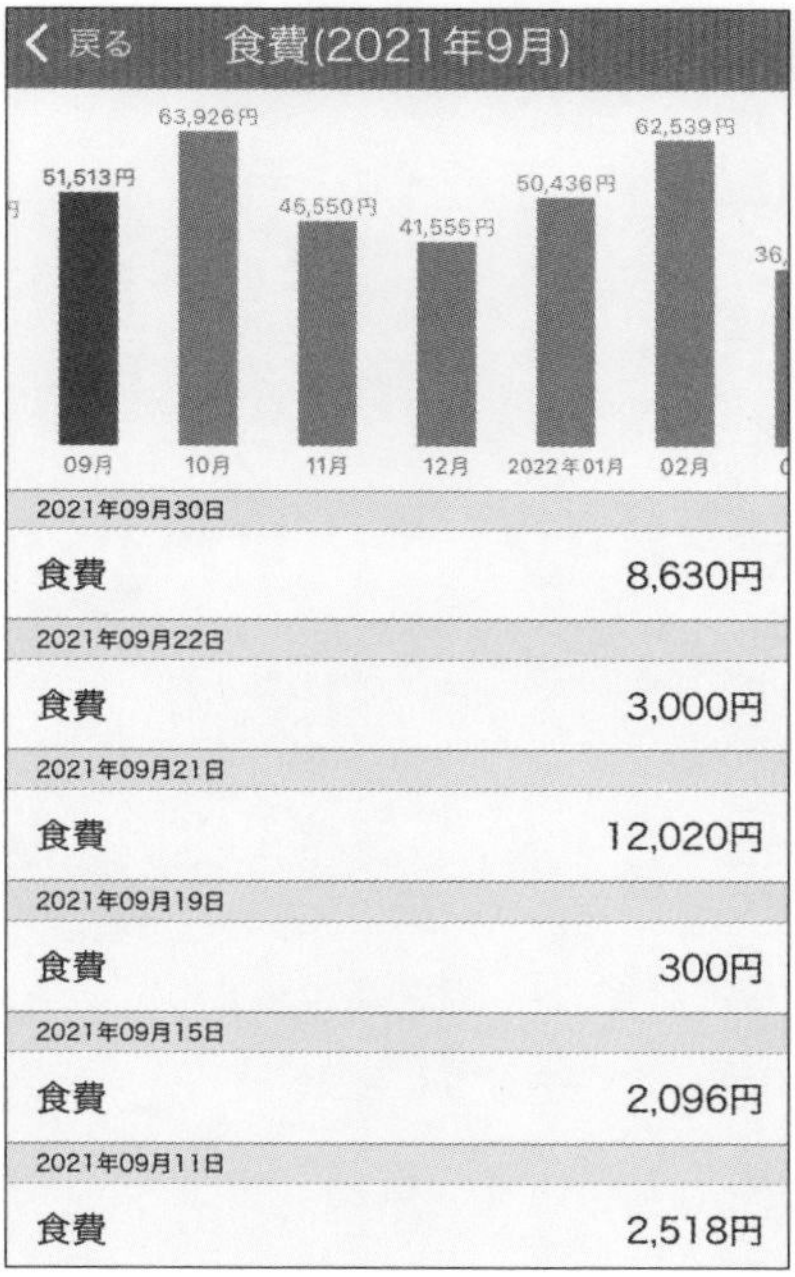

シンプルなのでひと目で収支がわかりやすい。

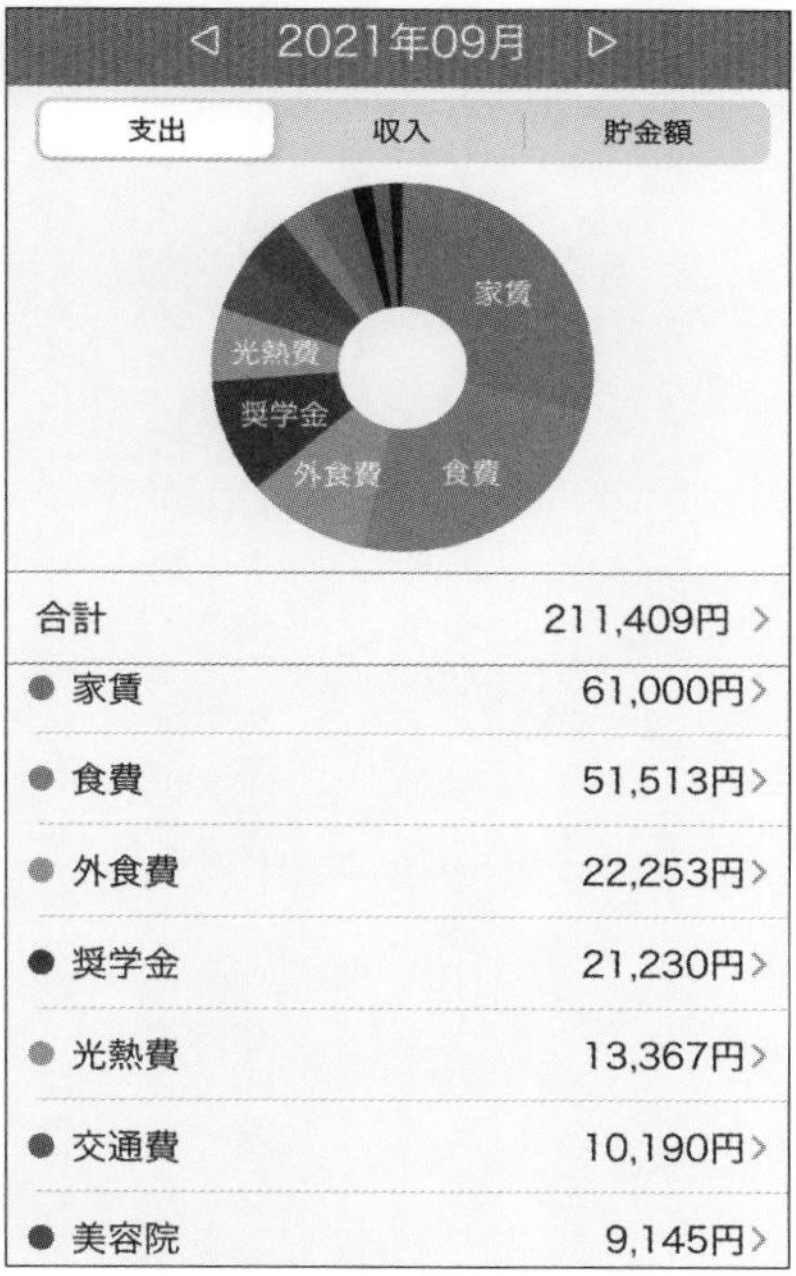

操作が簡単で入力もラク。

\POINT/

夫婦で共有できるので、2人一緒に意識を高く保つことができる

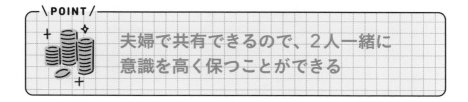

貯める

03

生活費を見直す❶ 常識を疑う

一般的に、結婚したら家や車を買って、保険に加入して……というイメージがあると思います。でもその常識、自分にとっての最適解ですか？

僕たちは、交際後、独り暮らしの僕の1Kの部屋に彼女が移り住む形で同棲スタート。その後、数年間の交際を経て、結婚しましたが、結婚後も同じ部屋に住み続けました。沖縄に移住した今は中古車を購入しましたが、関西にいた当時は車は買わず、移動手段は電車と原付バイクでした。それで何か支障があったかというと、何もなく、むしろお金が早く貯まってセミリタイアを実現し、幸せに暮らしています。

「みんながこうしてるから」とか、世間体や見栄を気にするのではなく、自分たちが必要かどうか、幸せを感じられるかどうかで支出を考えましょう。また常識は時代の流れによって移り変わります。昔は結婚するとなると結婚式に大勢呼んで数百万円かけるのが当たり前でしたが、今は身内だけでしたり、フォトウエディングだけで済ます方も。意識すべきものは常識ではなく、自分の心です。

結婚して、家を建て、車を買う……
そのお金の使い方、本当に幸せ？

\POINT/

「当たり前」に惑わされず自分らしい幸せを見つけて、それにお金を使う

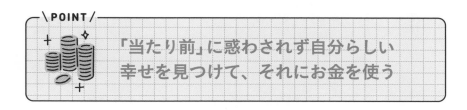

貯める

04

生活費を見直す❷
目先の支出と未来を天秤にかける

「支出の最適化」中でも、時には浪費したくなる時もありますよね。そんなとき僕たちは、そのお金を投資に回すと将来いくらになるのかを考えるようにしていました。

仮に、欲しい洋服が1万円だとします。これを買わずにその1万円を30年間、利回り4％で運用すれば3万３０００円になります。3倍以上に増える計算です。逆にその洋服を買ったとして、1年のうちの何回くらい着て、何年くらい先まで着続けると思いますか？　流行の移り変わりもあり、やがては捨てることになると考えると、極論でいえば、1万円がやがてはゴミになってしまうのです。

もちろん、倹約生活の息抜き的な出費は「支出の最適化」でもあるので、毎回切り詰めすぎなくてもいいですが、基本はこんなふうに無駄遣いをポジティブに防げるといいですね。僕が働いていたころ、勤務先の上司から「もっと広い家に住みなよ」と言われたことがありましたが、全く気になりませんでした。「広い家」と「沖縄移住が1年早くなる」を比べると、後者を選びたいと思ったからです。

1万円を何に使う？

服を購入

↓

処分

投資をして運用

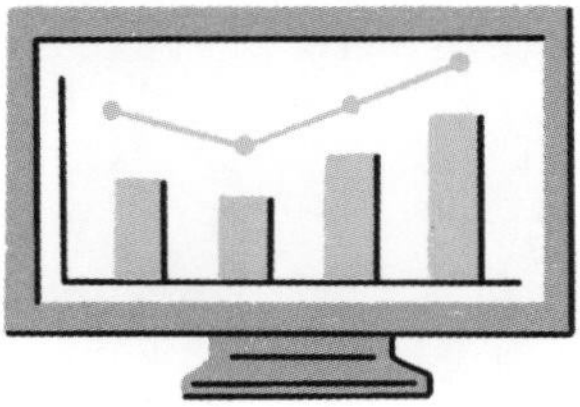

↓

3.3万円に！

※運用利回り4％で、30年運用した場合

＼POINT／

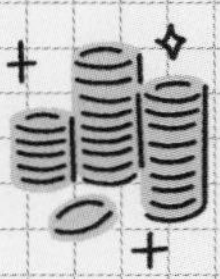

欲しいものを我慢するコツは「投資に回すと未来のお金が増えるかもしれない」と強く想像すること

貯める

05

生活費の見直しで8万円カット

「支出の最適化」によって、家計を見直した結果、生活費を月に8万円ほど削減することができました。大きく見直したのは衣服費。じつは妻だけでなく、僕も以前は3万円のパーカーを買うなど、服にお金をかけていました。沖縄移住のために、ものをこれ以上増やしたくないという理由もあって、新しい服はほとんど買わなくなり、大幅削減できました。

美容費もネイルやまつげエクステをやめて、半分に。通信費はＷｉ‐Ｆｉの契約はせず、ＹｏｕＴｕｂｅの更新も楽天モバイルのテザリング機能で賄っていました。外食費はお付き合いの飲み会への参加をやめ、本当に会いたい人との外食に絞ることで半分に。逆に食費は削りませんでした。こうして並べてみると、見直し前の暮らしには無駄が多いと改めて思います。あのまま暮らしていたらセミリタイアどころか、一生貧乏から抜け出せなかったかもしれません。

僕らの1カ月の支出Before After

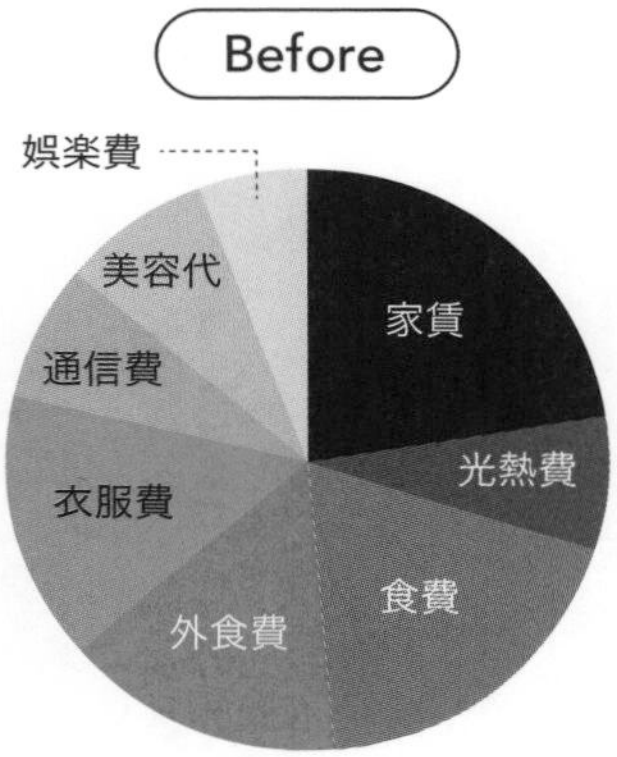

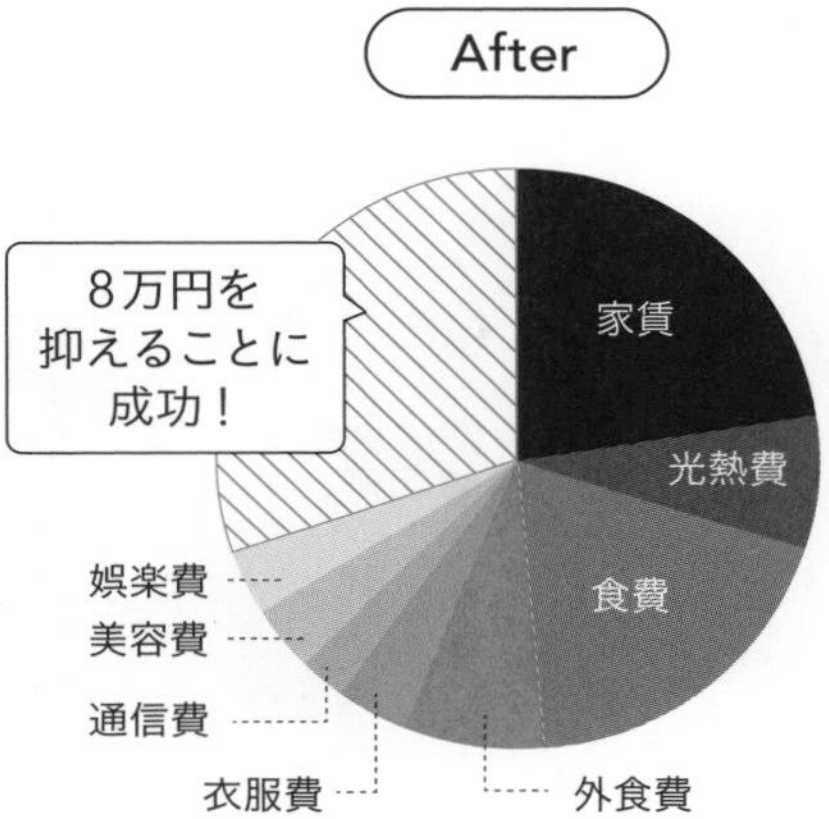

家賃	61000円
光熱費	15000～20000円
食費	50000円
外食費	40000円
衣服費	40000円
通信費	20000円
美容費	22000円
娯楽費	15000円
合計	**263000～268000円**

家賃	61000円
光熱費	15000～20000円
食費	50000円
外食費	20000円
衣服費	5000～10000円
通信費	6500円
美容費	10000円
娯楽費	10000円
合計	**177500～187500円**

\POINT/

服や美容などを節約したことで
出費の大幅ダウンに成功

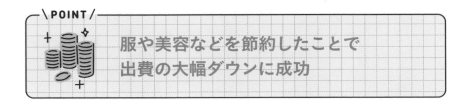

貯める

06

生活費を下げれば生きるハードルも下がる

毎月15万円で幸せに生きられる人と、100万円ないと幸せを感じられない人とでは、明らかに前者のほうが生きるハードルが低いですよね。さらに、必要な生活費が少なければ、セミリタイアに必要な資産額も減ります。早くセミリタイアを実現でき、その後も必要な労働時間が減って、時間的な余裕を持った暮らしを送れます。

では、生きていくために最低限必要なものとはなんでしょう？　雨風をしのげる家、暖かい布団、清潔な洋服、おいしいごはん、電気・水道などのインフラ、いざというときの医療体制くらいでしょう。実はそんなに多くないのです。

ここでさらに一歩進んで、具体的に最低限いくらあれば生きていけるか、把握しておくとよいでしょう。病気や不景気などで収入や資産が減った場合でも、この必要最低額を把握しておけば冷静でいられるはずです。焦って資産を売り急いで失敗、なんてことも防げます。TVで流行った「1カ月1万円生活」ではないですが、切り詰めるといくらで生活できるか試してみてもよいでしょう。

生きていくために絶対に必要なものは
意外とそんなに多くない

\POINT/

最低限必要な支出を把握しておくと
気持ちを楽にして生きられる

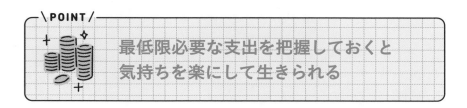

貯める

07

貯蓄率は何%を目指したらいい？

セミリタイアでよく聞く言葉が「貯蓄率」。手取り収入の何%貯金できたかを表す数値です。平均が10～20%、30%以上であれば優秀な家計と言われていますが、セミリタイアを目指すなら、50%以上を目指しましょう。貯蓄率が重要とされるのはセミリタイア到達までの期間を左右するためです。貯蓄率が高いと資産を早く築けるだけでなく、生活費を低く抑えられるとも言え、その分必要な資金額も減るのです。

僕たちの貯蓄率は高いときで70%台、平均して50%をキープしていました。難しく感じるかもしれませんが、毎月の給料だけでなく、ボーナスも貯蓄に回せば意外と手の届く数値です。また、共働きの場合は夫婦どちらかの収入で生活し、もう片方の収入はすべて貯蓄するというのも手でしょう。もちろん目指す水準は家族構成や働き方によっても変わります。これから貯金を始める人は、収入の10%を貯蓄に回すことから始めましょう。

僕たちの2021年の貯蓄率の推移

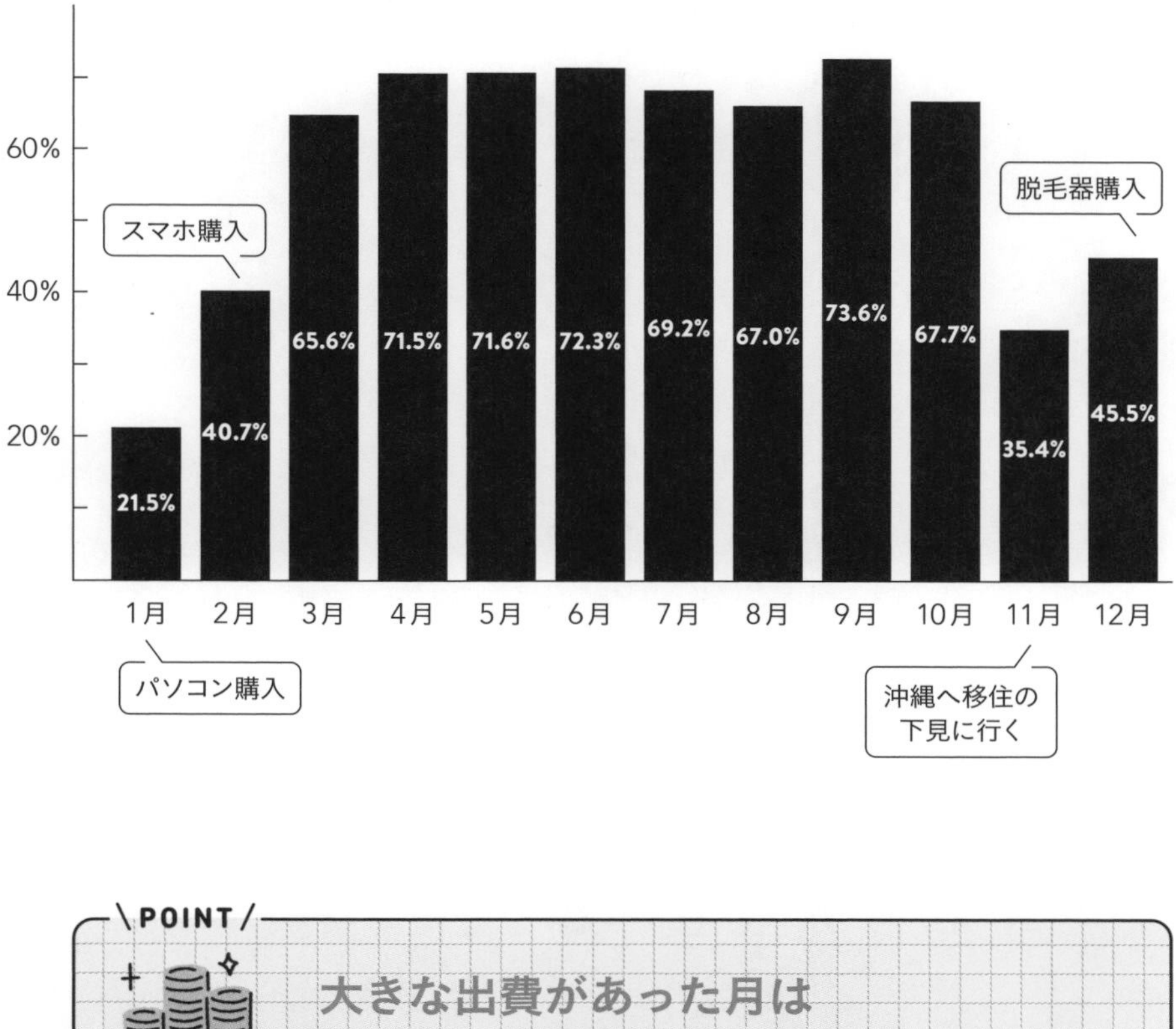

\POINT/

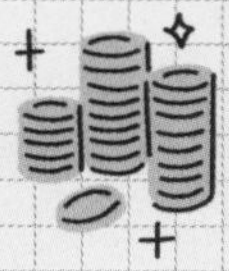

大きな出費があった月は
ボーナスで補填するのも手

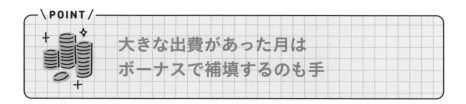

貯める

08

早く資産形成するためには貯蓄額も大切

さきほど貯蓄率が大切だと書きましたが、貯蓄率はもちろん貯蓄額を増やすことも大切です。

たとえば、同じ貯蓄率50%でも、所得が年間300万円なら150万円が貯金となり、所得が年間500万円なら250万円が貯金となります。その差は歴然。さらに、これらの資金を運用に回せば、この差はさらに開くことになります。たとえば、それぞれの貯蓄額を利回り4%で10年間運用した場合、150万円は222万円、250万円は370万円になります。もともと貯蓄額100万円だった差が150万円ほどに広がります。これが毎年続けば、老後には数千万円の差になるでしょう。

収入アップすること、そして収入がアップしても生活水準は低めでキープすること。この2つが、資産形成を加速させるポイントです。「年収が低くて貯蓄額を上げられない」という方は、副業や転職で収入をアップすることが重要です。

同じ貯蓄率50%でも
所得によって貯蓄額に差が

	1年後の貯蓄額	この貯蓄額を利回り4%で10年運用すると
 Aさん 所得**300**万円	**150**万円 ⇨	約**222**万円
 Bさん 所得**500**万円	**250**万円 ⇨	約**370**万円

＼POINT／

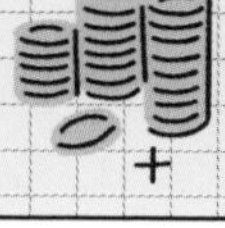

貯蓄額が大きければ
資産も大きく増加する

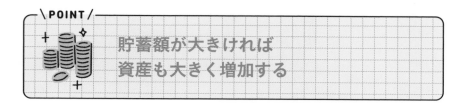

Column 03
Insurance

保険に対する考え方

家計診断の本や記事などを読むと、不要な保険の見直しが提案されています。毎月出ていくお金なので、削ると貯蓄率アップに効果をもたらします。

僕たち夫婦が加入している保険は、社会保険料を除いて2つ。火災保険と自動車保険です。ある程度の資産があれば、急なけがや病気で動けなくなったときでも数カ月は暮らしていけますし、医療費が高額だった場合は、ひと月の支払額を一定額に抑えられる高額療養費制度を使うこともできます。

ではなぜ火災保険と自動車保険に加入しているかと言うと、なにかあったときに甚大なお金を払うリスクがあるからです。例えば、車で事故を起こした場合、自損事故で車が廃車になるだけなら車代（僕らは45万円）ですみますが、人身事故の場合、数億円の支払いになる可能性も。なので、対人は無制限にしていますが、車両保険はつけていません。

ただし、将来子どもができたら、掛け捨ての生命保険に入るなど、リスクに応じた保険の加入は必要です。

僕らが現在加入しているのは2つだけ

火災保険

自動車保険

（ある程度資産があれば保険は最低限で十分）

CHAPTER 4

増やす

ここからは、資産形成の主役とも言える投資についてです。
アラサー夫婦の投資手法は2つ。
何十年先の未来に向けた
資産拡大を目的にしたインデックス投資と
今の生活を豊かにするための高配当株投資です。
どちらも一度買ったら、ときどきチェックするだけで
基本はほったらかしでOK。
銘柄の選び方や買い時など
投資ノウハウもわかりやすく紹介します。

増やす 01

資産形成には投資が必要

投資をするというと、親や祖父母などの上の世代からは「危ない」「貯金が一番」と心配されることもあるでしょう。昔は銀行に預金していれば数％の利息が得られていたため、今でも日本では金融資産の多くが普通預金で保有されています。

しかし、みなさんもお気づきの通り、今の普通預金の利息は年０.００１％ほどの超低金利。加えて、給料は上がらず、逆にインフレによって通貨の価値は下がっているのが現状です。今は、まじめにコツコツ働き、貯金すれば報われる時代ではなく、お金にも働いてもらい、積極的に増やすことが人生を守ることになる時代なのです。

国も貯蓄から投資を促すため、様々な優遇制度を設けています。１００円から資産運用を始められたり、ポイントで投資できるなど、間口も広がっています。さらに、株式投資においては、世の中に貢献できる一面もあります。企業は投資家から集めたお金で事業活動を営み、社会の問題や課題を解決し、世の中を豊かにしていくからです。そう考えると、「投資＝怪しい」というイメージも和らぐはずです。

資金100万円

金利**0.001%**の

に預けると

年間の利息**10**円

運用利回り**4%**の

に回すと

年間の利益**4**万円

POINT

同じ100万円でも
1年で大きく差がつく可能性も

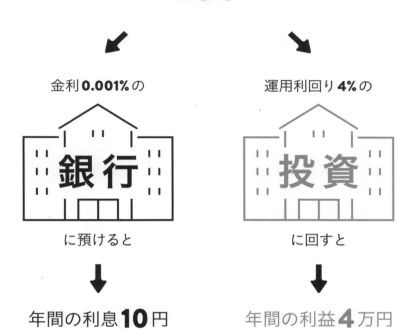

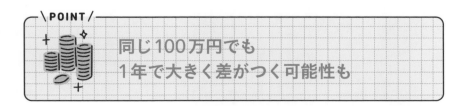

増やす

02

株式に投資を決めた理由

一口に投資といっても、債券、不動産、FX、金、ビットコインなどいろんな金融商品があります。その中で、僕たち夫婦が選んだのは株式投資です。なぜなら歴史的にみて、一番リターンが高いのが株式だからです（出典：『Stocks for the Long Run』）。同じくリターンが高いものとして、最近出てきたビットコインが挙げられますが、税制面や制度的にまだまだ未熟。値動きも株式以上に激しく、大事な資産の大部分を投資するにはリスクが高いです。

その点、株式は長年の歴史があり、今後も資本主義経済が続き、世の中がより豊かになっていけば、安定的にリターンを得られます。

まず最初は株式投資で資産形成をし、資産が増え、運用額が大きくなってから、他の投資方法への分散を検討するのがよいでしょう。僕たちも、セミリタイア以前の投資は株式のみでした。

株式、国債、金、現金のリターン実績

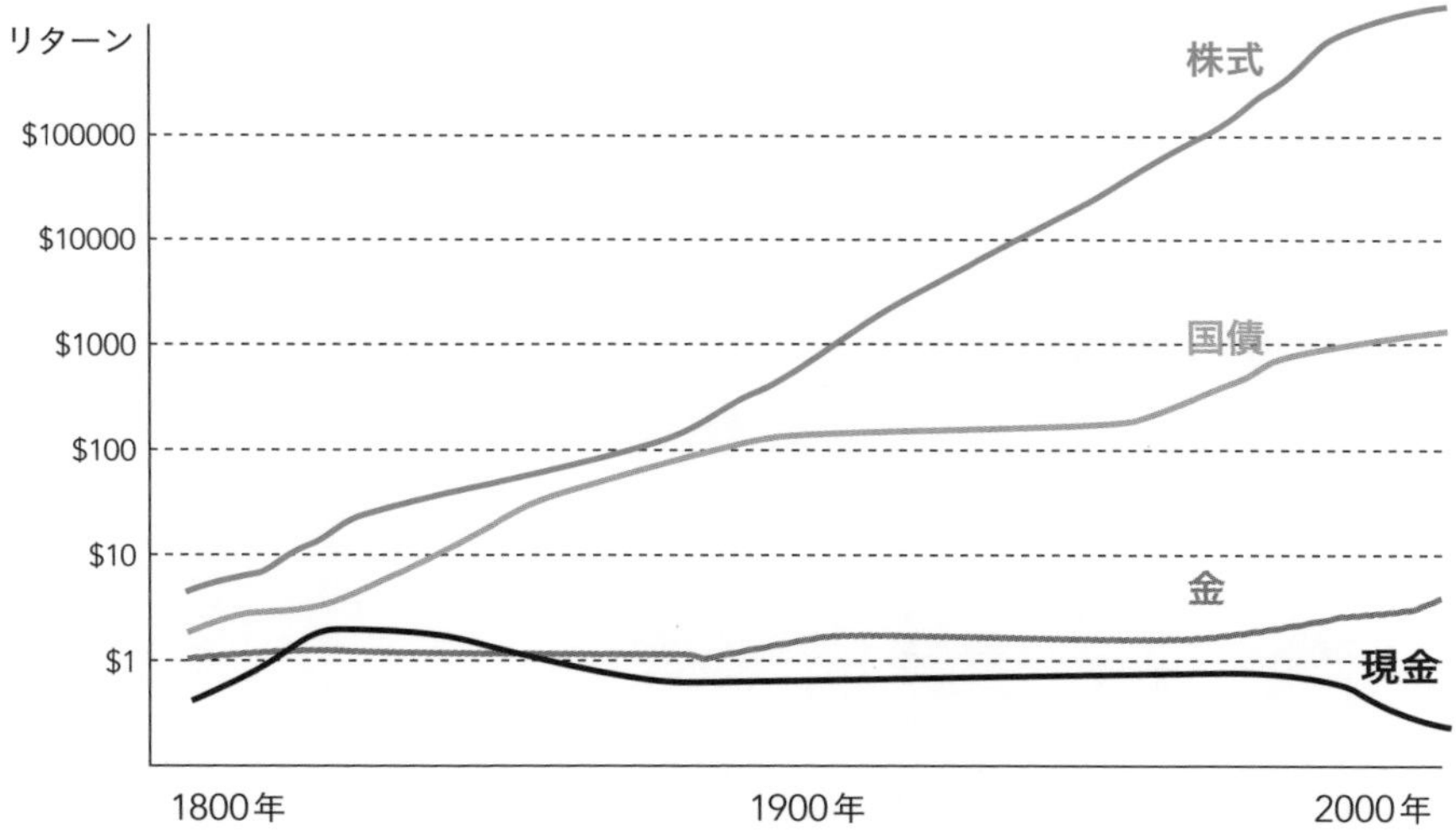

出典:「american association of individual investors journal,August 2014」

\POINT/

過去を振り返っても
リターンが一番高いのが株式

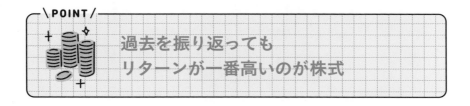

増やす

03

アラサー夫婦の投資は二刀流

僕たちは高配当株投資とインデックス投資の二刀流でやってきました。二刀流にしている一番の理由は、今も未来も人生どの時期も、豊かに過ごしたいからです。

インデックス投資とは、インデックス（＝指数）に連動した投資信託（インデックスファンドなど）に投資することです。市場平均のリターンを得られ、将来的な資産拡大に向いています。ただし、その都度、運用している投資信託を売却しない限り、お金をもらえるわけではないため、「今」を豊かにすることはできません。

高配当株投資とは、逆に「今」を豊かにできる投資方法です。投資の利益には株価上昇による値上がり益（キャピタルゲイン）と、株式を保有しているともらえる配当金（インカムゲイン）があります。高配当株投資は主にインカムゲインを目的とするもので、定期的にリターンを受け取れるのです。

どちらも長期保有するタイプの手法で、投資に多くの時間を割く必要もありません。僕たちは「豊かな時間」を過ごせることを優先し、この二刀流を選択しました。

インデックス投資は

老後を豊かにする

高配当株投資は

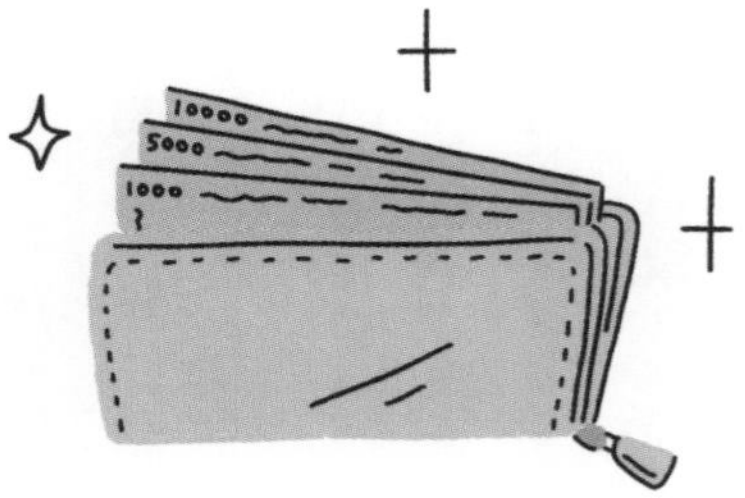

今を豊かにする

\ POINT /

二刀流なら
今も未来も豊かにしてくれる

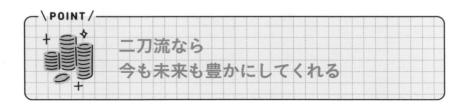

増やす 04

二刀流投資ならお互いデメリットをカバーし合う

インデックス投資は、指数に連動しているため、いったん投資先を選べば、あとは放置でOK。市場の成長に合わせて資産を効率的に拡大することができます。一方、デメリットとしてはP90でもお話しした通り、今の生活の質は上がりません。また、市場が暴落した際にはもろに影響を受けます。そんな中でも売却しないといけない場合は、資産を大きく減らしてしまうリスクもあります。

高配当株投資は配当金を得て、今を豊かにできるのが魅力です。1年に4回配当される銘柄もあり、日々の生活費として役立ちます。一方で、企業の利益を配当金という形で株主に還元するので、株価が上がりにくい特徴があり、資産拡大には非効率です。また、買うタイミングや銘柄選びなど、インデックス投資よりも勉強が必要です。

二刀流投資は、お互いのデメリットをカバーし合い、精神的にも続けやすい投資法です。もちろん、合う・合わないもありますので、まずはこの2つを始めてみて、どちらか1つに絞るというのもアリです。

二刀流投資それぞれのメリットとデメリット

	インデックス投資	高配当株投資
メリット	・資産拡大に向いている ・市場平均のリターンを得られる ・効率よく運用できる ・初心者でも始めやすい	・収入源になる ・自動で利益確定してくれる ・配当金の節税制度がお得 ・増配により 利回りが上がる場合も
デメリット	・日々の生活の質が上がらない ・出口戦略が難しい ・取り崩す際に市場の影響を受ける	・非効率な運用になりがち ・購入タイミングが難しい ・減配＆株価下落の可能性も

\ POINT /

それぞれのメリットが
デメリットを補ういい関係

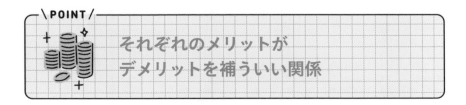

増やす 05

インデックス投資と高配当株投資のバランスの決め方

元手の何割をインデックス投資に回し、何割を高配当株投資に回すかは、将来のお金と今のお金、どちらを重要視するかで決めています。僕たちの場合は、老後よりも、体力や気力に満ちあふれている30代・40代の生活を大切にしたいため、定期的に収入を得られる高配当株投資を多めにしています。

いくら投資するかは、老後資金から逆算してもよいでしょう。たとえば、インデックス投資で60歳時点で3000万円の資産が欲しいとします。30歳時点から平均的な利回り4％で計算すると、毎月4・4万円の積み立て投資で達成できます。もしくは30歳時点で1000万円を同じく利回り4％で運用できれば、60歳には3243万円に。あとは、残った手持ちの資金を高配当株に投資すると考えればよいのです。シミュレーションには、金融庁のウェブサイトにある「資産運用シミュレーション」が便利です。ぜひ、ご自身が想定される投資金額や運用年数を入力して試してみて下さい。

老後より今を大切にしたいから……

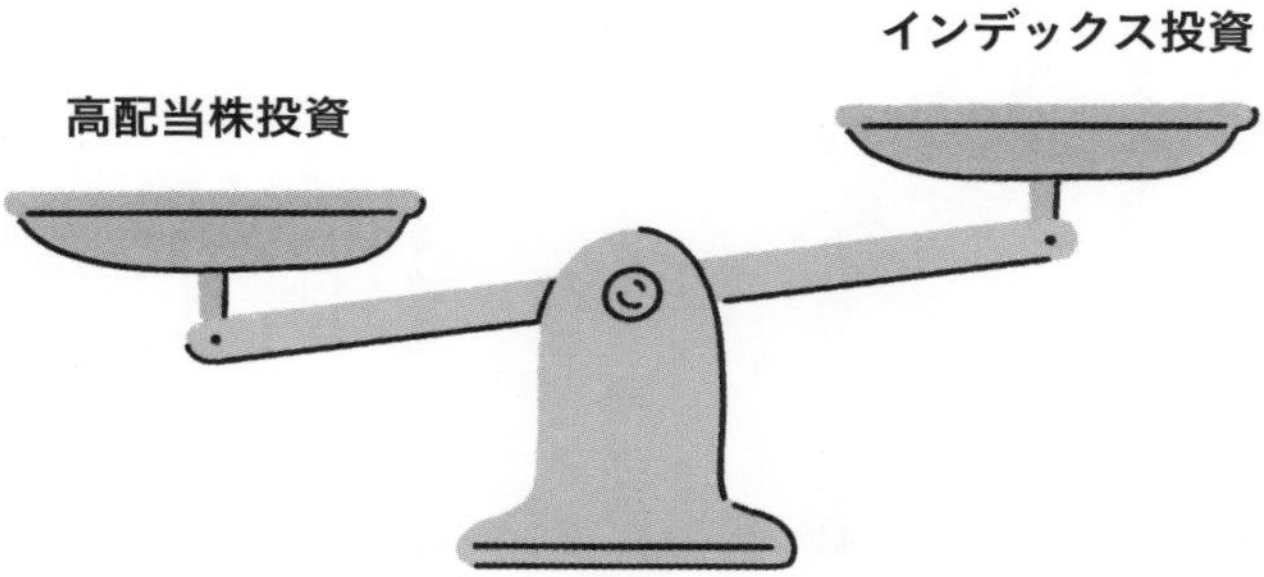

資産運用シミュレーション

https://www.fsa.go.jp/policy/nisa2/moneyplan_sim/index.html

\POINT/

自分の価値観に合わせて
バランスを決めよう！

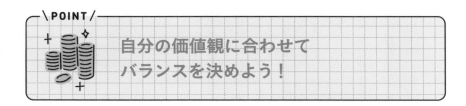

増やす

06

株式投資デビューにおすすめな制度はNISA

投資のやりとりをする口座には、確定申告が必要になる一般口座と、申告を金融会社が代行し、簡単にしてくれる特定口座があります。もちろん初心者におすすめなのは特定口座ですが、一般口座・特定口座ともに利益に対して約20％の税金がかかります。

それが、非課税となる上、納税手続きも不要というお得な制度がNISA（少額投資非課税制度）です。2023年現在、NISAにはつみたてNISA、一般NISA、ジュニアNISAの3種類があります。それぞれに特徴がありますが、僕はつみたてNISAで投資信託を、妻は一般NISAで高配当株投資をしています。NISAは併用ができないので、独身の方であればどちらか一方しか利用できません。初心者の方にはつみたてNISAがおすすめです。ただ、つみたてNISAは投資信託にしか投資できないため、高配当株投資をより積極的にしたいなら一般NISAを選びましょう。しかし、ここにきて朗報が！　2024年から始まる新しいNISA（以降、新NISAと略）がこのジレンマを解消してくれるのです。

NISAと特定口座の違いは？

	一般 NISA	つみたて NISA	ジュニア NISA	特定口座 (源泉徴収あり)
利益	非課税(国内課税のみ)			課税
損失	損失通算できない			損失通算できる
納税手続き	なし			金融会社が代行 (源泉徴収)
対象年齢	18歳以上		0～17歳	制限なし
年間非課税投資枠	120万円	40万円	80万円	ー
非課税期間	5年間	20年間	5年間	ー
投資対象	株式、投資信託など	金融庁が指定した投資信託・ETF	株式、投資信託など	株式、投資信託など

\POINT/

利益に税金がかからない NISAから始めるのがおすすめ

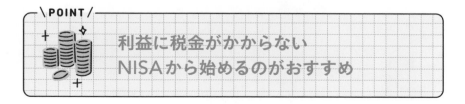

増やす 07

2024年NISAが生まれ変わる

2024年、新NISAが始まります。これまでの3種類のNISAではなく、つみたて投資枠（つみたてNISAのような枠）と成長投資枠（一般NISAのような枠）の二本立てに変わります。さらに、これまで一般NISAで5年、つみたてNISAで20年だった非課税保有期間が無期限に。そして非課税枠が生涯1800万円と増加します。特に注目すべきは、つみたて投資枠と成長投資枠の併用が可能だということ。つまり、インデックス投資と高配当株投資がともに非課税で運用できることになるのです。まさに二刀流投資にとっては追い風！　ぜひ利用しましょう。

では、2023年時点ではNISAを始めなくてもよいのでしょうか。じつは、2023年までに始めたNISAは新NISAとは別枠で管理されます。つまり、2023年に年間非課税枠が40万円のつみたてNISAをすれば、生涯の非課税枠が1840万円に増えることに。制度終了後も20年間非課税で運用できるので、間に合う人はぜひチャレンジしましょう！　P190の特典動画が参考になるはずです。

2024年から始まる 新NISAの内容はこちら

併用可

	つみたて投資枠	成長投資枠
年間投資枠	120万円	240万円
非課税保有期間*1	無期限化	無期限化
非課税保有限度額（総枠）*2	1800万円（簿価残高方式で管理／枠の再利用が可能）	
		1200万円
口座開設期間	恒久化	恒久化
投資対象商品	長期の積立・分散投資に適した一定の投資信託（現行のつみたてNISA対象商品と同様）	上場株式・投資信託等*3（①整理・監理銘柄②信託期間20年未満、毎月分配型の投資信託及びデリバティブ取引を用いた一定の投資信託等を除外）
対象年齢	18歳以上	18歳以上
現行制度との関係	2023年末までに現行の一般NISA及びつみたてNISA制度において投資した商品は、新しい制度の外枠で、現行制度における非課税措置を適用（現行制度から新しい制度へのロールオーバーは不可）	

＊1 非課税保有期間の無期限化に伴い、現行のつみたてNISAと同様、定期的に利用者の住所等を確認し、制度の適正な運用を担保

＊2 利用者それぞれの非課税保有限度額については、金融機関から一定のクラウドを利用して提供された情報を国税庁において管理

＊3 金融機関による「成長投資枠」を使った回転売買への勧誘行為に対し、金融庁が監督指針を改正し、法令に基づき監督及びモニタリングを実施

＊4 2023年末までにジュニアNISAにおいて投資した商品は、5年間の非課税期間が終了しても、所定の手続きを経ることで、18歳になるまでは非課税措置が受けられることとなっているが、今回、その手続きを省略することとし、利用者の利便性向上を手当て

出典：金融庁

\POINT/

利便性がアップすることで これまで以上に投資の幅が広がる！

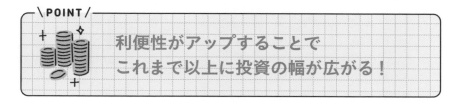

増やす

08

二刀流投資に追い風

インデックス投資も高配当株投資も非課税で行えるようになる新NISA。じつは追い風はそれだけではありません。

もう一つの追い風は、非課税保有期限が無期限になること。例えば、大卒社会人1年目・22歳から投資を始めて退職を迎える65歳まで続けると、44年間も非課税で運用できます。インデックス投資は長く持てば持つほど複利効果によって利益が増大します。つまり、無期限化によって、より資産拡大を狙えるようになるのです。

さらにもう一つは、年間投資枠の増額。これまで一般NISAの年間投資枠は120万円でしたが、新NISAの成長投資枠では240万円と倍増します。より多く株を買えば、得られる配当金も増える高配当株投資にとって、朗報ですよね。最大1800万円を非課税で運用できるので、夫婦であれば3600万円です。多くの方にとっては新NISAだけで資産形成が十分可能です。

二刀流投資がしやすくなる！

非課税保有期限の無期限化は長期投資によって利益を生む
インデックス投資 にメリット！

年間投資枠の増額は元手が多いほどリターンが大きい
高配当株投資 にメリット！

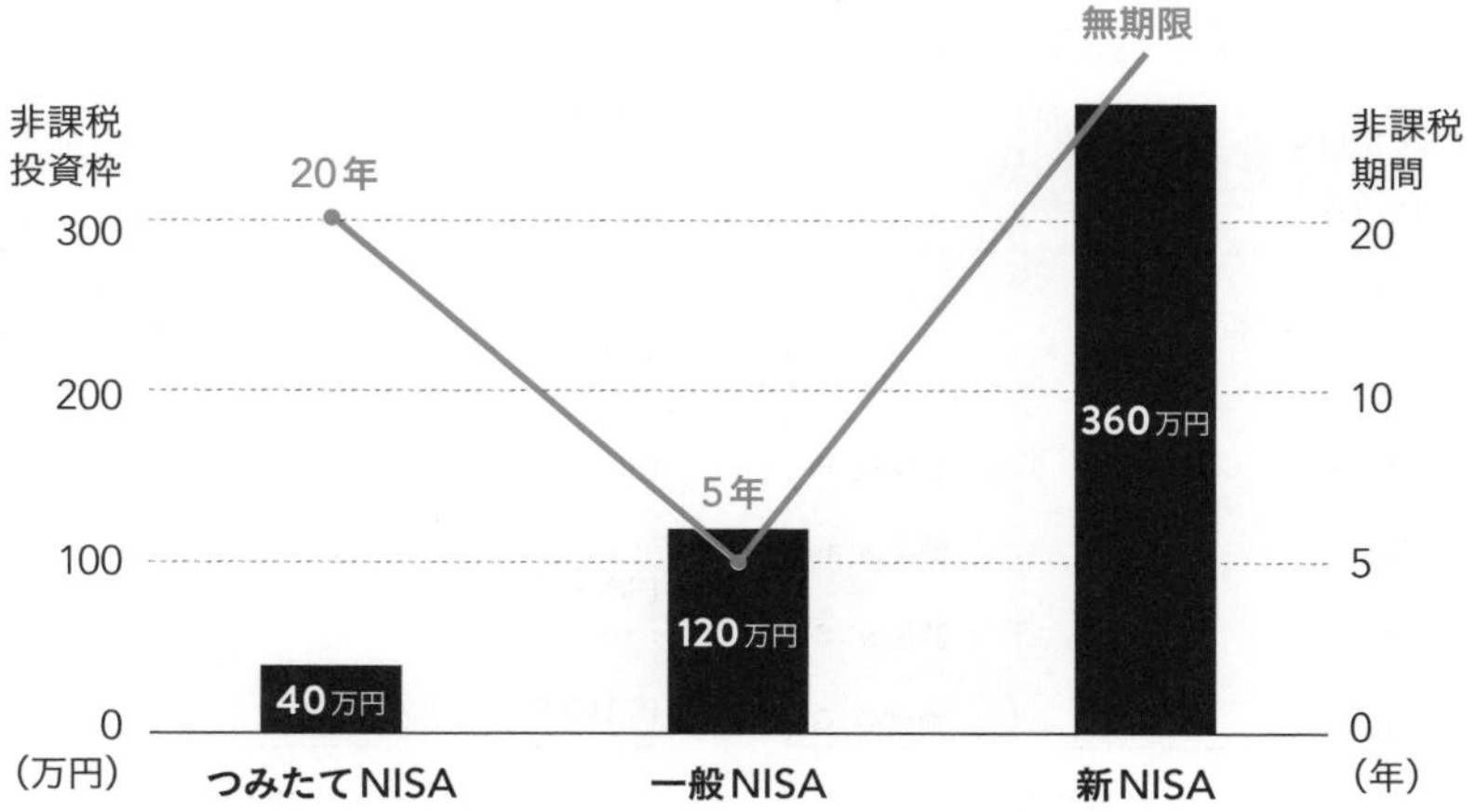

\POINT/

無期限化や投資枠の増額により
二刀流投資で利益を生みやすくなる！

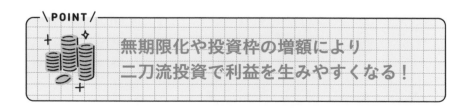

増やす

09

新NISA投資戦略

もし、すでに特定口座で運用しているものがあれば、それをいったん売却し、新NISAで新たに買い直すのがおすすめです。売却によっていったんは税金がかかりますが、一部例外となるケースを除き、多くの方は新NISAで運用したほうがお得になります。

たとえば、特定口座で100万円で買った株が150万円になったとします。売却すると、50万円の利益に約20％の税金がかかり、10万円引かれます。手元に残るのは140万円です。売却することで税金を一旦支払うことになりますが、これを新NISAに移行することで、その先得られる利益はずっと非課税になります。

では、100万円の株が50万円に下がった場合はどうでしょう。その50万円で新たに新NISAで株を買い直したとしても、株価も下がっているので元と同じ株数を買えますよね（損益通算もできます）。年間投資枠が余る場合には、僕たちも特定口座から新NISAへ乗替えする予定です。

すでに特定口座で運用中の株式や投資信託がある場合

①
いったん売却

②
新NISAで新たに買い直す

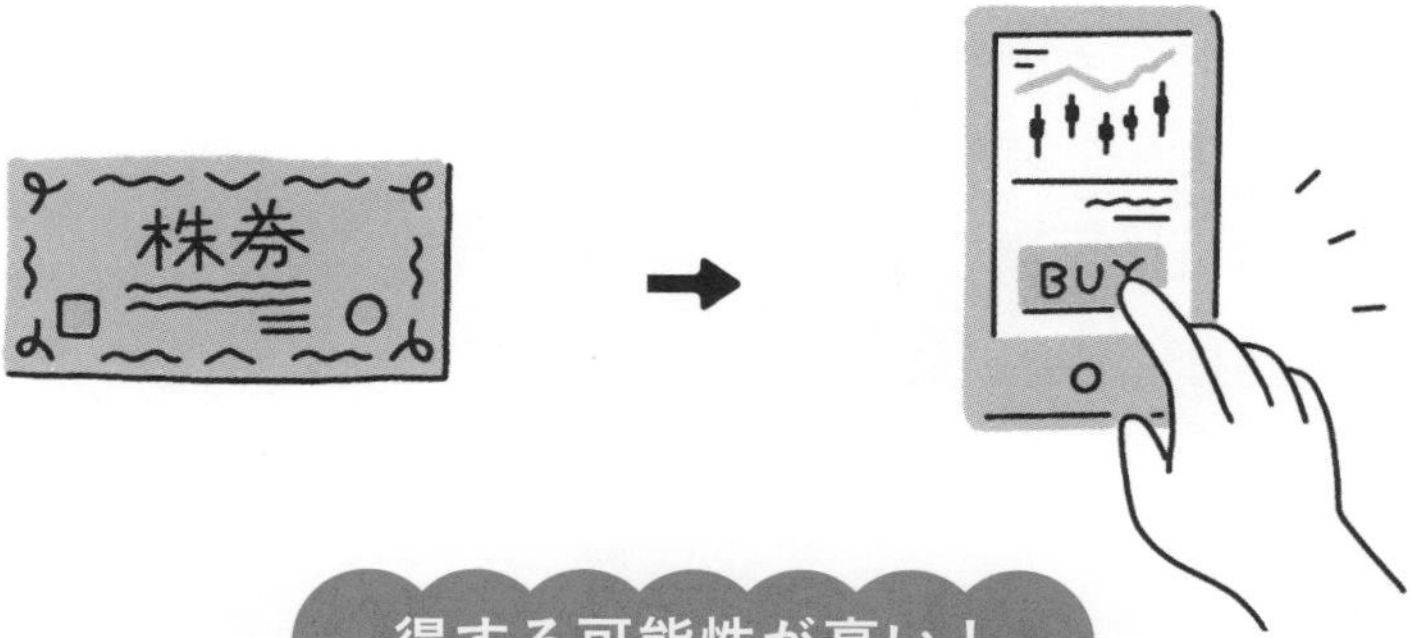

得する可能性が高い！

僕たちのYouTubeでは新NISAに関する耳寄り情報を発信しています。

\POINT/

売却時に税金はかかるものの
長期的にはNISAで運用したほうがお得

増やす 10

アラサー夫婦のNISA失敗談

NISAを始めた当初は、雑誌やテレビで取り上げられた人気ランキングから金融商品を選んでいました。今思えば、それ自体がもう失敗だったのですが、その中に「アクティブファンド」があったんです。アクティブファンドとは、市場指数に連動するインデックスファンドとは違い、金融のプロが市場を先読みして、指数を上回るリターンを目指す投資信託のこと。そもそも、投資信託はプロにお金を預けて増やしてもらう投資法なので、「信託報酬」というものが発生します。アクティブファンドは、インデックスファンドよりさらにプロの目に頼る投資法なので、この信託報酬が高いんです。投資において手数料を抑えることは超重要です。手数料が1％かかればそれだけリターンが下がってしまいます。投資における1％の差はかなり大きいです。

投資信託を選ぶ際は信託報酬をチェックしましょう。ネット証券の口座を持っている方は、その銘柄の信託報酬の欄で簡単に確認できます。0.2％以下であればアクティブファンドであることはほぼなく、安心です。

インデックスファンドとアクティブファンドの違い

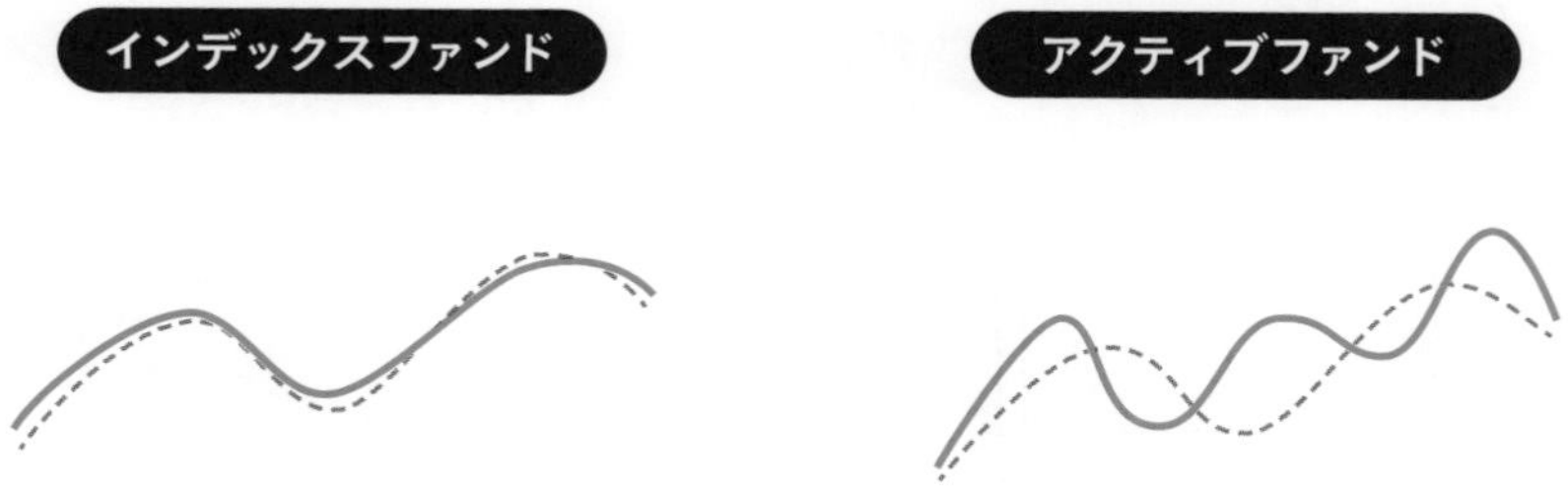

指数に連動することを目指す

指数を上回ることを目指す

POINT

アクティブファンドは手数料が高く市場平均を長期的に上回りにくい

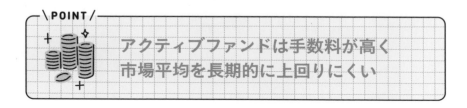

増やす
11

株式投資の始め方

株式投資を始めるには、証券口座を開く必要があります。さまざまな証券会社がありますが、まずは手数料が安く、利便性の高いネット証券から選びましょう。

その中でも僕たちのイチ押しはSBI証券です。まず、信託報酬や事務手数料などのコストが安い。次に、業績が右肩上がりで盤石なのも安心です。日本株に1株から投資できたり、為替手数料が他社と比べて安かったり、低コストの投資信託が豊富なのもおすすめポイント。そして、三井住友カードを持っていれば、積み立て投資を行うとポイントがつきます。三井住友カードゴールドであれば、還元率は1%も。毎月3万円を積み立てれば、年間3600ポイントが貯まるという計算です。投資信託の保有残高に応じてポイント還元も受けられます。

同じく大手のネット証券に楽天証券がありますが、現時点ではSBI証券のほうが総合的にいいと思います。僕たちも、楽天証券からSBI証券に移行しました。

おすすめはSBI証券と楽天証券の2つ

今から始めるならSBI証券

おすすめポイント 1
低コストの投資信託が多い
同じ投資先の投資信託でも、他の証券会社と比べてコストが安い

おすすめポイント 2
ポイント還元率が高い
三井住友カードゴールドなら1%の還元率

おすすめポイント 3
経営が良好で安心
業績は右肩上がり。今後のサービスにも期待大

\POINT/

スマホで簡単に口座開設できる。1株から買えるので投資デビューする人にもぴったり

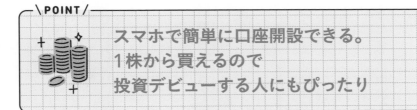

増やす

12

iDeCoは加入すべき？

NISAと同じく、非課税で投資できる制度といえば、iDeCo（個人型確定拠出年金）。掛け金を積み立てて運用し、その掛け金と運用益を60歳以降に受け取る私的年金です。NISAと同じく運用益が非課税になる上、掛け金が全額所得控除の対象になるため、年収が高く所得税の税率が高い人には節税効果が高いです。また、個人事業主は会社員と比べて拠出限度額が大きいという特徴もあります。

デメリットは、原則60歳まで引き出せないこと。また、加入時や加入後の口座管理手数料など、手数料がかかります。さらに年金として受け取るのか、一時金として一括で受け取るのかによって、受けられる控除が変わるので、出口戦略が難しいです。

個人的には、60歳まで資金が拘束されてしまうのがネックで現時点では加入していません。ライフイベントが落ち着き、将来の見通しが立つ40歳以降になったら、始めようかと考えています。ただし、老後資金を効率よく貯めたい方にはおすすめの制度です。

iDeCoのメリット・デメリット

メリット

・掛け金が所得控除の対象となる
・運用益は非課税
・運用に手間がかからない

デメリット

・原則60歳まで引き出せない
・手数料がかかる
・会社員は掛け金の上限度額が低い

\POINT/

資産を拘束されるので、
今を楽しめないデメリットも

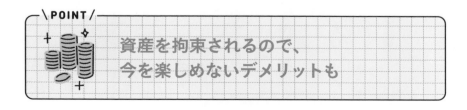

増やす

13

投資手法❶インデックス投資

インデックス投資とは？

インデックス投資とは、P90でも述べた通り、指数に連動した投資手法です。そのため、大きな賭けに出ることはなく、市場の成長にあわせてゆっくりと着実に資産を拡大していくことを目的としています。

投資信託とＥＴＦ（上場投資信託）から選ぶのが基本で、この2つの大きな違いは名前の通り、上場しているか否かです。投資信託は1日1回算出される基準価額で取引されるのに対し、ＥＴＦは金融商品取引所において、その取引時間内に投資家が相場の動きを見ながら売り買いできます。

インデックス投資では市場平均のリターンが得られます。平均と聞くと大したことないように聞こえますが、投資の世界では平均点を取り続けることはプロでも難しいです。短期的に平均を上回るリターンを出せても、10年20年と平均を上回ることは難しいと、さまざまな研究で明らかになっています。なので、低コストで平均リターンを得られるインデックス投資をしない手はありません。

投資信託とは

僕たち投資家から集めたお金を資金とし、運用の専門家が株式や債券などに投資・運用して、その運用成果が投資額に合わせて分配されます。投資する商品をひとつ選ぶだけで、金融のプロが数百から数千もの金融商品に分散投資してくれます。個人で株を選ぶよりリスクが少なく、高度な知識も必要ありません。

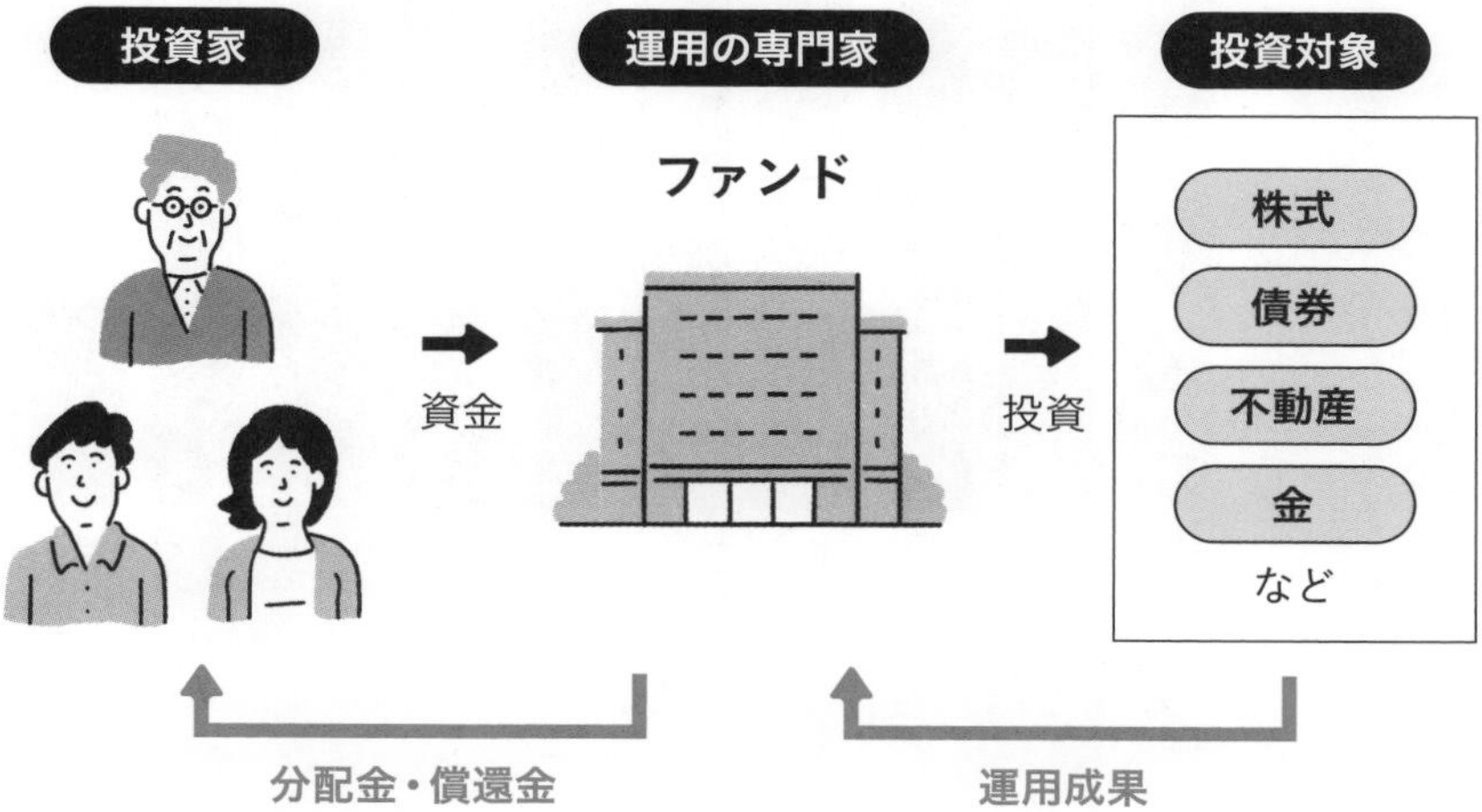

\POINT/

少額で分散投資ができるので初心者でも始めやすい！

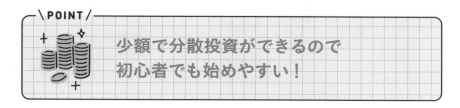

増やす

14

投資手法❶ インデックス投資

銘柄選びのポイントは3つ！

インデックス投資のファンドを選ぶときのポイントは3つ。①市場全体の長期的な成長が見込めるか。②人口が増加傾向の国の銘柄を組み入れているか。③株主還元意識が高いかです。以上をすべてクリアするのが米国株ファンドです。

米国株とは、アメリカの証券取引場に上場している株式で、この中から組み入れ銘柄を選んでいるのが米国株ファンドです。アメリカは先進国の中でも珍しく人口が増加しており、2060年には4億人を超える予想も。資本主義社会において人口が増えれば経済は拡大傾向になります。消費が増え、GDP(国内総生産)も上がるためです。過去約100年の米国株のリターンは年平均9・8％にも（出典：「S&P500DATA」）。

米国株が含まれている全世界株もおすすめです。世界中の国の株式が組み入れられるファンドで、国・地域ごとのリスクを減らすことができ、思わぬ急成長をした国のリターンを受け取れることも。全世界株はその時々の時価総額に応じて各国の組入比率が変わります。現在は米国が50～60％を占めており、全世界株でも米国株の恩恵が受けられます。

代表的な投資信託「eMAXIS Slim全世界株式(オール・カントリー)」で組み入れられている国の内訳

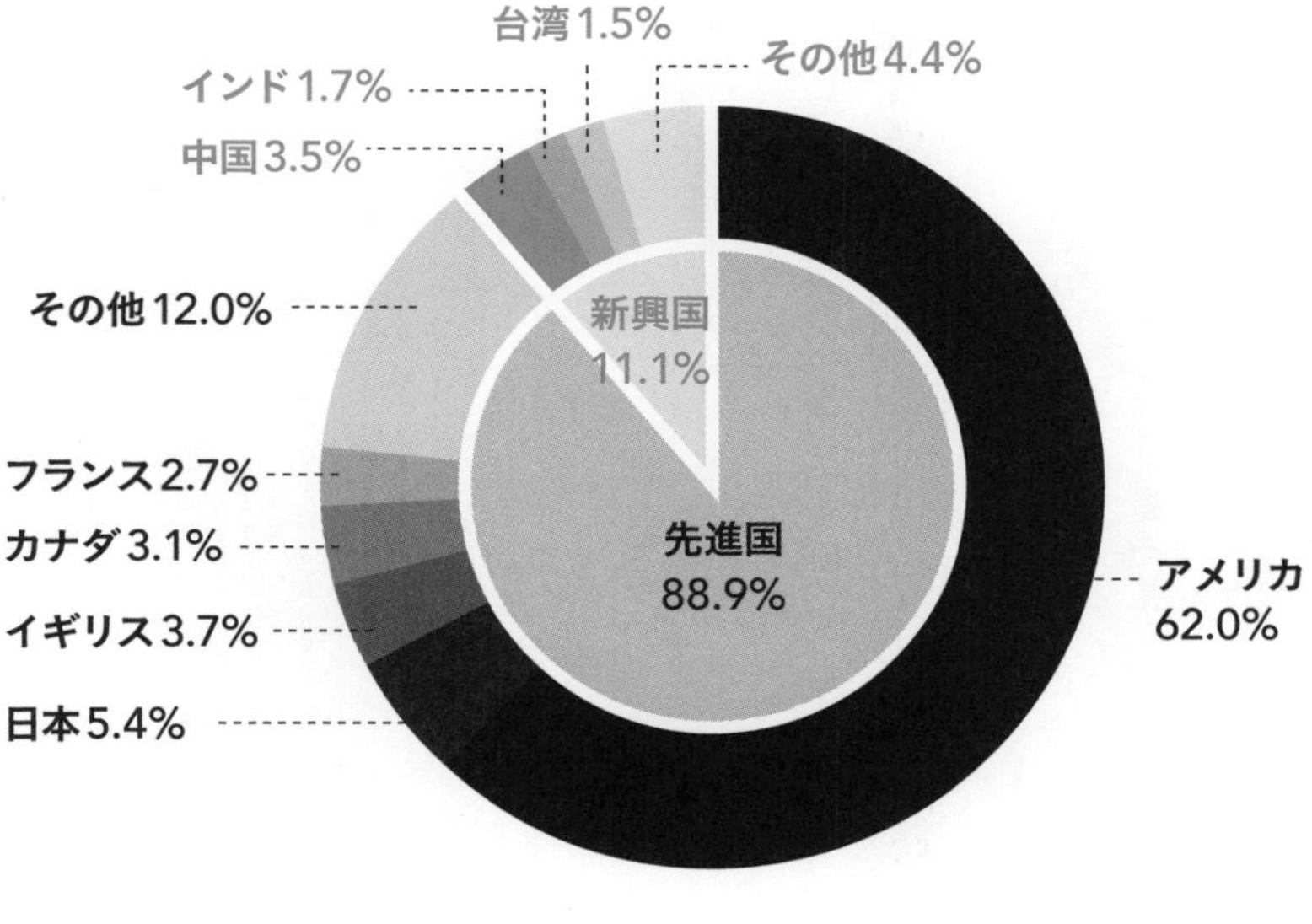

\POINT/

アメリカが今後も成長し続けると思うなら米国株。自信がないなら全世界株を選ぶのが無難

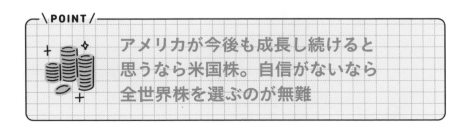

増やす

15

投資手法❶インデックス投資

全米株・全世界株が好きな理由

インデックス投資が連動する指数にはさまざまな種類がありますが、S&P500もその一つ。S&Pダウ・ジョーンズ・インデックス社が公表している、米国株の株価指数です。Amazon、アップル、マイクロソフトなどの大型株を中心に約500銘柄で構成されており、米国株式市場の時価総額の約80%を占め、概ね米国市場の動きを反映していると言えます。

誰もが知っている有名企業の株が中心ということで、S&P500に連動したファンドを選ぶ人もいるでしょう。しかし、言い方を換えると、米国の大型株に集中投資していいるとも言えます。投資の基本は分散です。その点では大型株だけでなく中小型株も含む全米株や地域が分散された全世界株を推しています。銘柄・地域分散という点でこの2つのファンドが個人的にはおすすめです。

S&P500、全米株、全世界株の比較

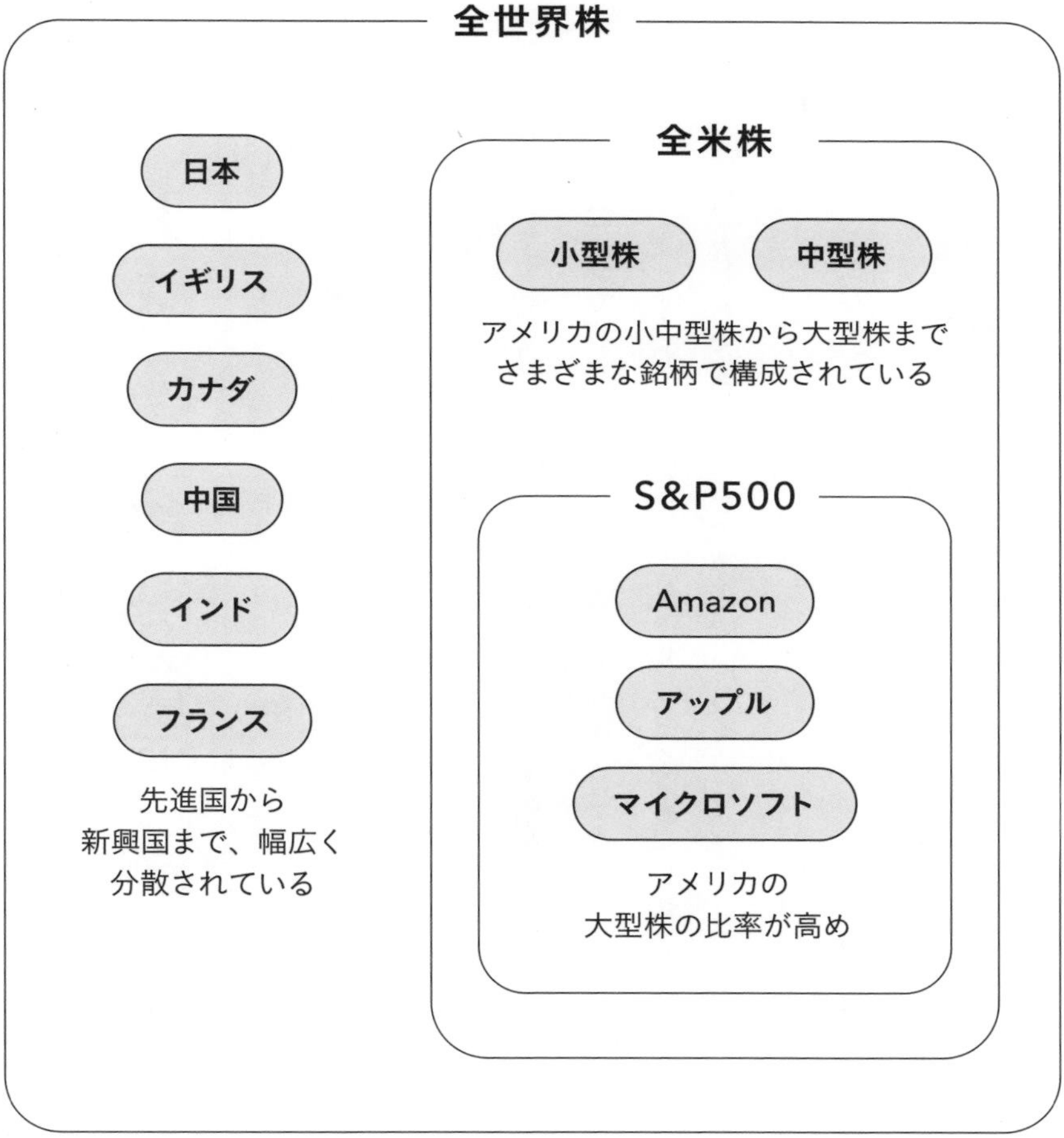

＼POINT／

分散こそ投資の基本。
全米株や全世界株はそのバランスがいい

増やす
16

投資手法❶インデックス投資
おすすめの投資信託6選！

インデックス投資のうち投資信託でおすすめなのは、全世界株と全米株とお伝えしました。とはいえ、金融商品一覧を見ると、どれも似たような名前で、その中からどれを選べばいいか迷うと思います。

そこで、初心者にもおすすめの投資信託を6つに絞ってご紹介します。今後、長期的に成長が期待できそうな全世界株と全米株、S&P500から選んでいます。いずれもコストが低く、分散が利いていてリスクが低いのもおすすめポイントです。つみたてNISAで僕ら自身が実際に投資しているのは、SBI・V・全世界株式インデックス・ファンド。理由は構成銘柄が9496社と幅広く分散されており、楽天証券の同じ全世界株式よりもコストが低いからです。僕はこの投資信託に投資するために、つみたてNISAの口座を楽天証券からSBI証券に変更しました。また、今後より信託報酬の低い投資信託やおすすめのファンドが設定された際は僕たちの各SNSで情報を発信しますので、チェックして下さい。

アラサー夫婦のおすすめの投資信託

銘柄名	取り扱い証券会社	信託報酬	構成銘柄	特徴
eMAXIS Slim 全世界株式（オール・カントリー）	楽天証券 SBI証券 マネックス証券	0.1133%	2935社	先進国から新興国まで分散投資できる。「投信ブロガーが選ぶ！Fund of the Year2022」の投票にて第1位。人気の投資信託。
SBI・V・全世界株式インデックス・ファンド	SBI証券	0.1338%	9496社	eMAXIS Slim 全世界株式（オール・カントリー）より広く分散できる。
SBI・V・全米株式インデックス・ファンド	SBI証券	0.0938%	約4000社	米国の小型株〜大型株まで投資可能銘柄のほぼ100%をカバー。
楽天・全米株式インデックス・ファンド	楽天証券 SBI証券 マネックス証券	0.1620%	約4000社	米国の小型株〜大型株まで投資可能銘柄のほぼ100%をカバー。
eMAXIS Slim米国株式（S&P500）	楽天証券 SBI証券 マネックス証券	0.09372%	503社	米国の大型株を集めたS&P500指数に連動する。
SBI・V・S&P500インデックス・ファンド	SBI証券 マネックス証券	0.0938%	503社	米国の大型株を集めたS&P500指数に連動する。

\POINT/

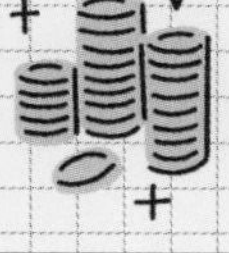

ポイントは低コスト。そして、小型株から大型株まで網羅していること

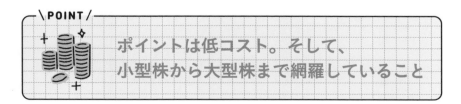

増やす 17

投資手法❶インデックス投資
毎月の積み立てを継続するだけ！

インデックス投資は商品を選び、毎月投資する金額を決めて、積み立て設定をすれば、あとはほったらかしでＯＫです。毎月決まった額を積み立てることで、株価が高い時期にはおのずと少ない口数しか買えなくなり、安い時期には数多く購入できます。これを格好よく言うと「ドルコスト平均法」と言います。

ポイントは暴落時も積み立て続けること。暴落に焦って積み立てをストップしてしまうと、結果的には高値掴みしているだけになります。これまで暴落のあとも市場は必ず回復してきたので、「焦らず放置」「長い目で見る」姿勢が大事です。

ただし、最終的に必ず株価が上がっていくのであれば、少しでも早く、多くの資金を投資したほうがリターンも大きくなるはず。まとまったお金があるならば、積み立てより一括投資のほうが投資効率は高いと言えます。でも、１０００万円を一括で投資した翌年に暴落が来たら、耐えられますか？　慣れないうちは、１０００万円を1〜2年かけて分割し、積み立て投資するのもアリでしょう。

一度買った株は、ずっと保有し続けるべきなん？

基本的には、ずっと保有し続けるほうがええねん。

でも、株価が下がりそうなときに売却して安いときに買い直したほうがお得やない？

実は株価がどこまで下がって、どこから上がるかを見極めるのは難しい。しかも、売却するたびに手数料や税金を支払うので、リターンを下げる要因にもなる。初心者は途中で売却せず、長期保有して複利を最大化するのがおすすめやで！

そっか。傍観するくらいがいいんやね。

\POINT/

株価に一喜一憂せずに眺めるくらいがちょうどいい

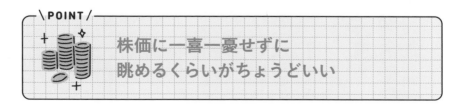

増やす

18

投資手法❶インデックス投資

暴落は数年続く場合がある

インデックス投資はつみたてNISAを使って、長期保有することがポイントだと説明してきました。この「長期」って何年くらいのことだと思いますか？　1つの目安は15年です。米国株の場合、15年運用すれば、どの15年を切り取ってもプラスリターンになったというデータもあります。

15年も運用すれば、時には暴落を経験することもあるでしょう。これまでITバブル崩壊やリーマンショックなど、様々な暴落がありました。大きなものだと、市場低迷が数年間続く場合もあります。しかし、そのあとは必ず回復するというのは歴史が証明しています。暴落が数年続いたとしても、積み立てを継続することが大切です。実際、僕たちはコロナショックで暴落したとき、むしろ安くなった株を積極的に買い増すことで、その後大きな利益を得ることができ、資産も倍増しました。暴落時は少ない元手で資産を増やせるチャンスでもあるのです。一時の下落に焦るのではなく、15年後、20年後のリターンを楽しみに、「長い目で見る」がポイントです。

S&P500の過去の推移

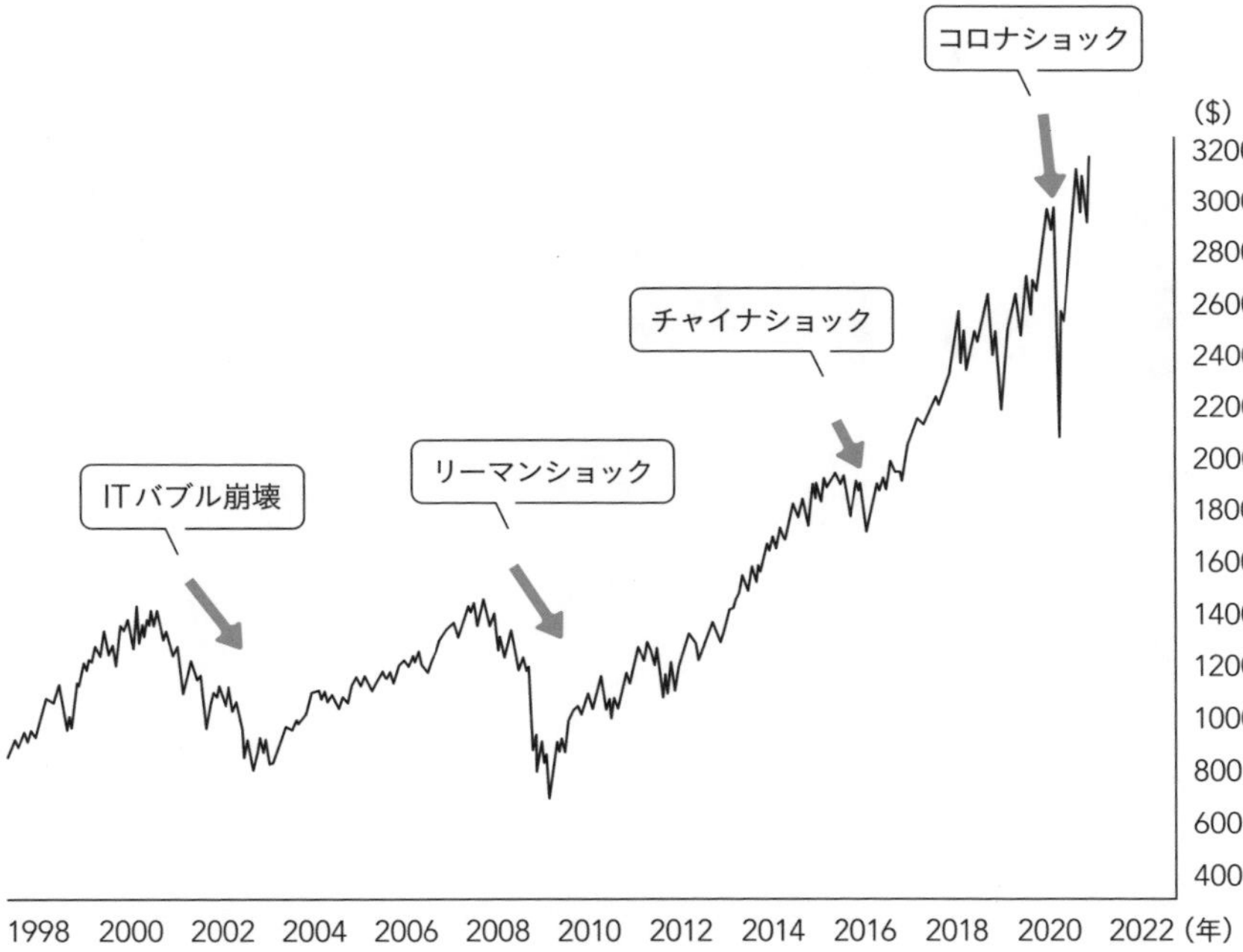

POINT

暴落は避けられないけれど、いずれ戻るというのんびりした気持ちで持ち続けることが大切

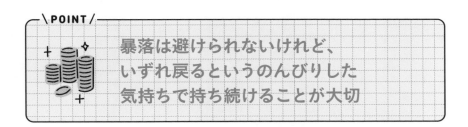

増やす

19

投資手法❷ 高配当株投資

高配当株投資とは？

次に、二刀流のもう一方、高配当株投資についてです。高配当株投資とは、P92で説明した通り、株の売買で得る利益ではなく、配当金を目的として投資する手法です。

では、配当金とはなんでしょう。これは、企業が投資してもらったことに対し、利益の中から定期的に株主に還元するお金のことで、保有株数に応じ分配されます。「高配当株」というのは、この配当金を多く出す企業の株のことを指します。株を保有している間はずっと配当金が受け取れるので、高配当株投資においても長期保有が基本です。

たとえば、三菱商事の株を買った場合、1株5150円（2023年5月9日の終値）で年間配当金は180円（2022年度）です。「え、少ない！」と思われたかもしれませんが、株価5150円・配当金180円なので配当利回りは3・495％。高配当株の一般的な目安である配当利回り3％を超えています。また今後、配当金を増やす（増配）方針を掲げており、配当金の増大が予想されます。

配当金とは？

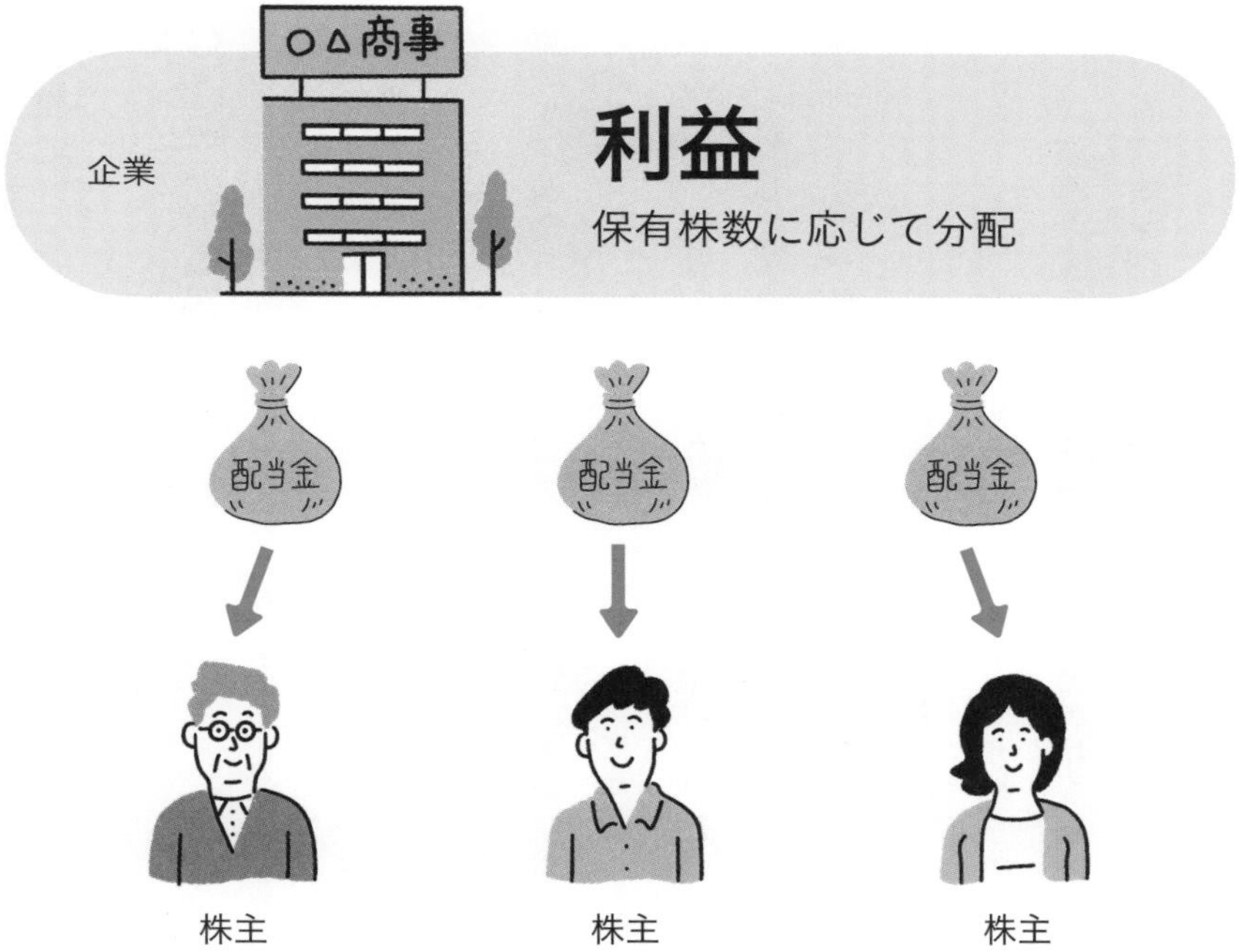

\POINT/

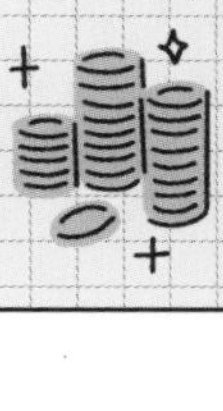

利益の一部を株主に還元する＝配当金

増やす

20

投資手法❷ 高配当株投資

配当金の魅力

僕たちが最初に受け取った配当金は月500円でした。そこから3年で年間約110万円の配当金を得られるほどに。税引き後でも85万円ほど、月7万円の配当金が得られる計算です。僕たちの場合、月7万円あれば、家賃や通信費などの固定費が配当金だけで賄えます。

配当金の魅力は、現金での還元なので使い道が自由だということ。生活費や娯楽費に使ってもいいですし、配当金を増やすために再投資してもOK。現金として使いたいときまで置いておくのも一案です。いつ入金されるか前もってわかるため、計画が立てやすいのも◎。増配によって追加投資しなくても自動的に増えるケースもあります。配当金は不労所得です。時間をかけずとも定期的に収入が得られる点も魅力です。また、暴落があっても、業績が安定し財務良好な企業であれば配当金を出す傾向にあります。株価が下がっても元本を取り崩さず利益を得られるのは嬉しいですね。

僕らが受け取った配当金の合計額の推移

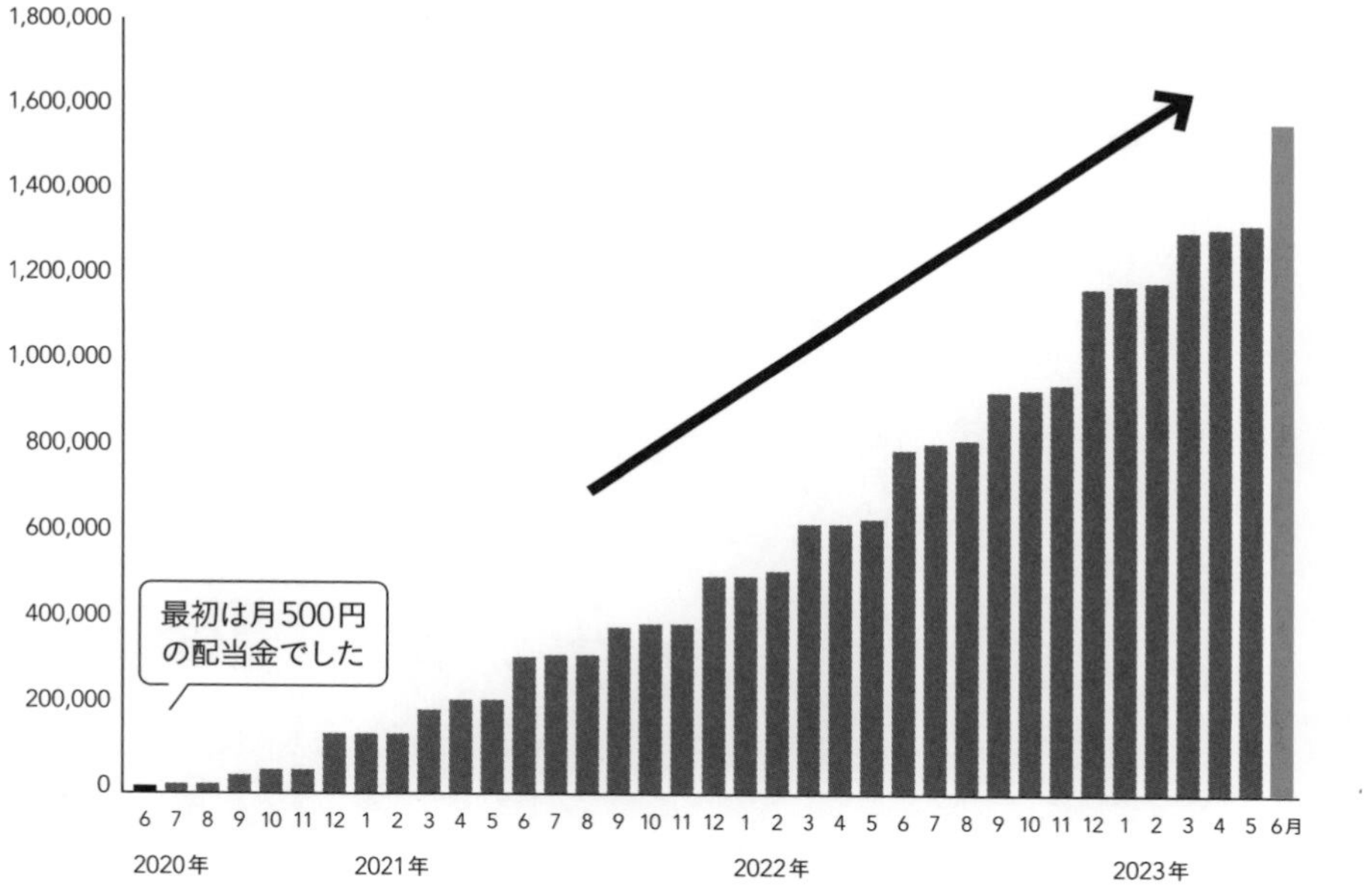

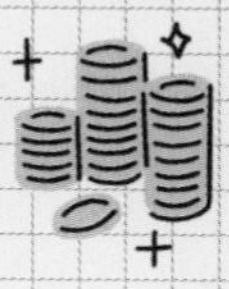

POINT

高配当株を保有し続ければ
累計の配当額は右肩上がりに！

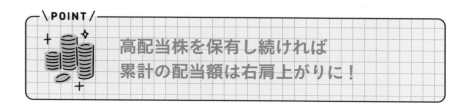

増やす

21

投資手法❷ 高配当株投資

分散投資で円とドルを確保

僕たちは、高配当株投資では、日本株と米国株に投資しています。

まず、日本株は割安な銘柄も多く、税制面でもお得に運用できます。ただし、米国株に比べると連続増配年数も短く、日本企業はかつて株主還元意識が低いと言われてきました。それが、徐々に改善しつつあり、最近、投資の神様と言われるウォーレン・バフェット氏が日本株へ投資したことでも注目を集めています。また、日本電信電話（NTT）が2023年7月1日以降、株を25分割し、最低取引単位である100株の購入予算約40万円が、1万6000円程度まで下がることに。このように、新NISAを意識して個人投資家が投資しやすい環境づくりをする日本企業も出てきました。

次に、米国株に投資する理由は、地域・為替リスクの分散です。日本にいる限り、収入は円で受け取ることが基本。ただ昨今の円安を見ても、1つの通貨だけ持っているのは危険です。米国株でドルを確保するようにしています。また、米国株は今後の成長も期待でき、連続増配年数60年を超える企業もあるのが魅力です。

2022年から2023年にかけて円安傾向に

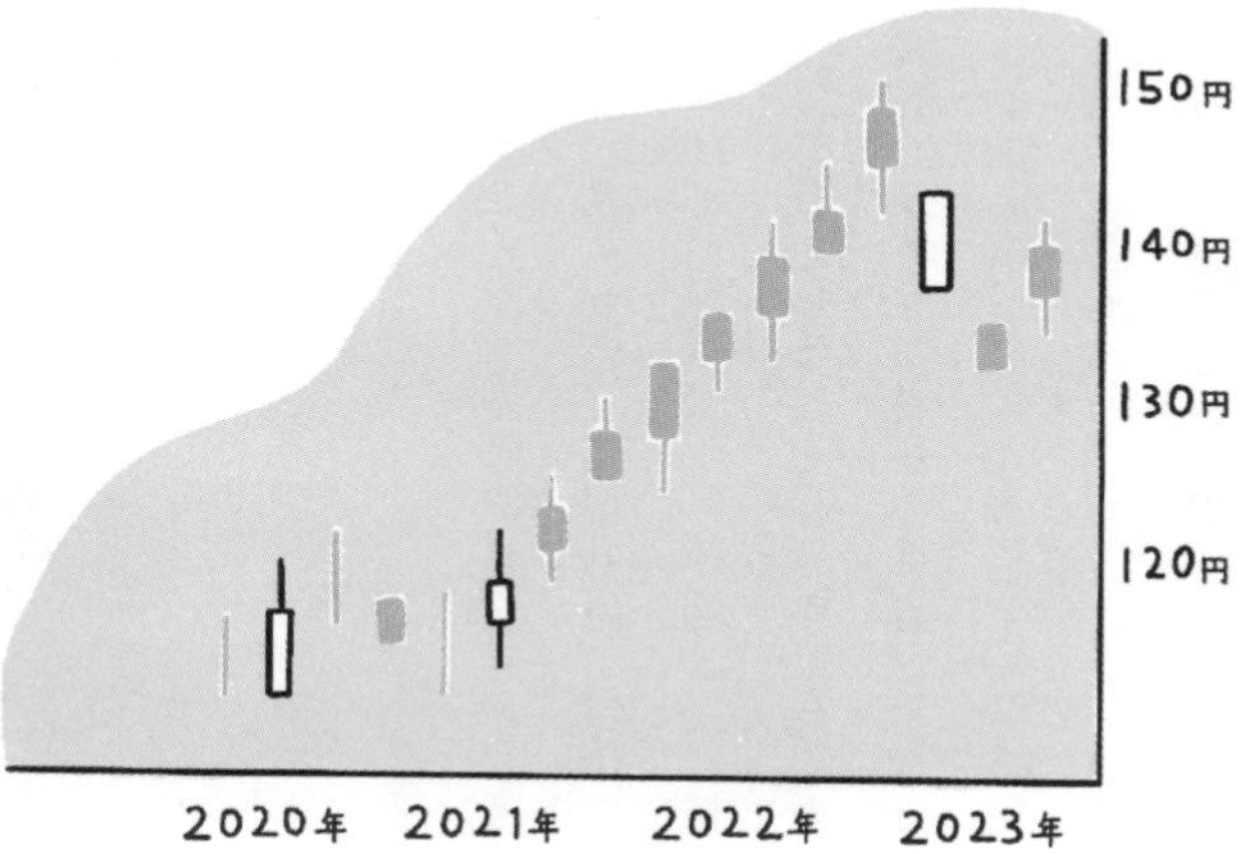

\POINT/

**通貨を分散させることで
為替変動リスクから資産を守れる**

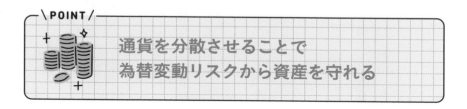

増やす

22

投資手法❷ 高配当株投資

銘柄選びで見るべきポイントは3つ

たくさんある銘柄選びのポイントの中でも重視しているものを3つ紹介します。

1つはEPS（1株当たりの純利益）が増加していること。これが前年に比べて増加しているということは、企業のビジネスがうまくいっているとわかります。配当金の原資は利益です。利益が伸びていれば、今後の増配も期待できます。

2つ目は暴落時でも減配せず、配当金を維持もしくは増配しているかどうかです。不況時でも増配できるということは、他社にはない強みがあり、業績が安定していたり、財務状態が良好だったり、株主への還元意識が強いと判断できます。

3つ目は企業の配当方針です。これは各企業のHP（IRページ）で確認できます。増配や自社株買いの計画、EPSのうちどれくらいを配当金として還元するかなど、株主還元方針を見ることができます。なかには配当金を減らさず、維持・増配していく累進配当を公言している企業もあります。

以上3つは投資する前、投資してからも定期的に確認したいですね。

連続増配年数が多い銘柄

銘柄名	証券コード	連続増配年数	配当利回り
花王	4452	33年	2.78%
リコーリース	8566	29年	3.55%
SPK	7466	25年	2.83%
三菱HCキャピタル	8593	24年	4.32%
小林製薬	4967	23年	1.20%
ユー・エス・エス	4732	23年	2.90%
トランコム	9058	22年	1.89%
ユニ・チャーム	8113	21年	0.74%
沖縄セルラー電話	9436	21年	3.05%
リンナイ	5947	21年	1.97%
KDDI	9433	21年	3.29%
サンドラッグ	9989	21年	2.70%

参照：「YAHOO!JAPANファイナンス」　2023年7月11日現在のデータ

\POINT/

**配当金が増え続けることで
株価の上昇も期待できる**

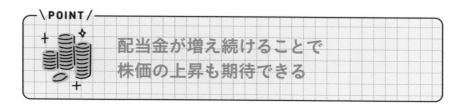

増やす

23

投資手法❷ 高配当株投資

ちょっとずるい優良銘柄の選び方

EPS（1株当たりの純利益）やROE（自己資本利益率）など、投資をするうえで重要な指標を理解できるようになるには、それなりに勉強する必要がありますよね。そこで専門性の高い知識なしで優良銘柄を選ぶ方法をお教えしましょう。

ずばりそれは、業績が業界首位もしくは2位の企業を選ぶこと！　トップシェアには必ず理由があります。他の企業にはない強みや経済的な堀（囲い込み）ができている証拠です。今後も安定した収益が見込めます。通信業界でいえば、日本電信電話（NTT）とKDDI。銀行だと、三菱UFJフィナンシャル・グループ。そして商社なら三菱商事が業界トップ。僕たちも始めたての頃は、まずこういった企業に投資しました。

もう1つは連続増配していること。株主還元意識の高い企業であることがその実績から読み取れます。この2つを兼ね備えている株で特におすすめは、日本電信電話とKDDI。投資に慣れて知識もついてきたら、他の銘柄を探したり、各指標を見るといいでしょう。

アラサー夫婦のおすすめ銘柄

業界首位

連続増配

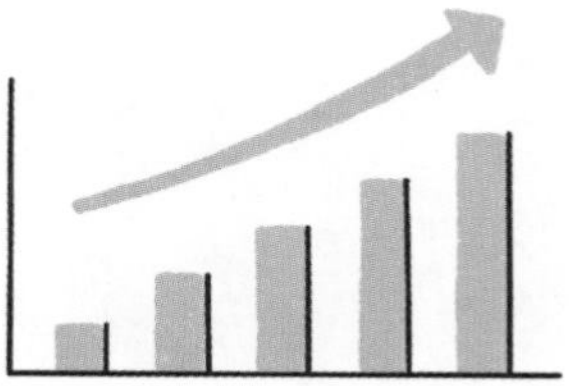

2つの条件を満たしている銘柄は

日本電信電話（9432）

と

KDDI（9433）

\POINT/

銘柄選びに迷って
踏み切れない人におすすめ

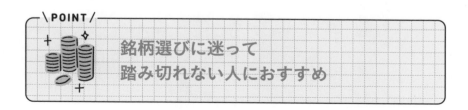

増やす

24

投資手法❷ 高配当株投資

高配当株に集中投資はリスク大！

トップ企業の株を買っておくのは基本ですが、とはいえ、集中投資は危険です。たとえば、東京電力。元々、東京電力は年金代わりに投資する人が多い、人気の高配当株でした。ところが、東日本大震災の原発事故以降、経営状態が悪化。2011年から現在にいたるまで配当金はゼロです。また、日産自動車では元会長のカルロス・ゴーン氏の件により、株価が急落。大企業でも個別株には相応のリスクがあります。

最低でも10～15銘柄以上に分散しましょう。できれば業種も分散するとリスクはなお低くなります。ただ、最初からたくさんの銘柄を選ぶのは難しいし、資金の問題もあるので、半年から1年くらいかけながら徐々に銘柄を増やしていきましょう。後ほどP148で詳しく説明しますが、高配当ETF（上場投資信託）であれば1つ選ぶだけで銘柄を分散させることができるので、これを活用するのもアリです。

1社に集中して投資するリスク

業績悪化	減配・株価下落しやすい
倒産	会社がなくなり、株が紙切れとなる
連鎖下落	同じ業種のうち複数の企業の株価が下がると、同じように下落する

\POINT/

配当利回りのよさだけで選ぶと
減配や無配、株価の下落も
ありえるので分散がおすすめ

増やす

25

投資手法❷ 高配当株投資

おすすめ日本高配当株15選

日本の高配当株は個別株で15銘柄以上分散して持つのがおすすめです。というわけで、僕たちがおすすめする日本高配当株15選をご紹介します。

選んだポイントは、資産拡大も望める時価総額の大きい企業、倒産リスクの低い業界トップクラスの企業、これまでの業績の安定感、財務状況が優良であること、配当実績、配当利回り、株主還元の方針など。今後も安定して配当金を出してくれることが見込め、増配の可能性も高い企業です。この15株は業界も分散させて選んだので、ぜひ組み合わせも参考にしてください。

初心者が個別株を選ぶ際は、実際にその商品やサービスを使ったことがある企業、親近感のある企業から銘柄を探してみるのも手です。そこから具体的に業績や配当実績、企業のＨＰを見て、銘柄分析してみるといいでしょう。

＼アラサー夫婦おすすめ！／

日本高配当株15選

銘柄名	証券コード	配当利回り
日本電信電話（NTT）	9432	3.07%
KDDI	9433	3.30%
沖縄セルラー電話	9436	3.05%
東京海上ホールディングス	8766	3.78%
三菱UFJフィナンシャル・グループ	8306	3.83%
三井住友フィナンシャルグループ	8316	4.02%
三菱商事	8058	2.97%
伊藤忠商事	8001	2.98%
大和ハウス工業	1925	3.67%
積水ハウス	1928	4.16%
武田薬品工業	4502	4.37%
日本たばこ産業（JT）	2914	6.24%
三菱HCキャピタル	8593	4.32%
信越化学工業	4063	2.18%
全国保証	7164	3.47%

参照：「YAHOO!JAPANファイナンス」　2023年7月11日現在のデータ

＼POINT／

業界大手ばかりなので、
長期的に見ても安心

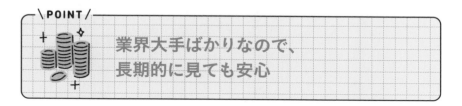

増やす

26

投資手法❷高配当株投資

選ぶ目安は配当利回り2〜6%

初心者にありがちな失敗が、利回りだけで選ぶことです。一般的に利回り7%以上は減配のリスクが高いとされます。また、「創立100周年だから今年だけ100円増配」など記念配当である場合もあります。必ず、企業の業績をチェックしたうえで株は選びましょう。優良銘柄は利回り2〜6%であることが多いです。2%というと、少なく感じるかもしれませんが、増配の傾向があるなら利回りが低いうちに買うというのも一手です。保有株全体で利回りが平均3〜5%になるくらいを目指しましょう。

左の表は月3万円の配当金をもらうために必要な資産額です。配当金にも税金がかかり、日本株の場合は約20%、米国株の場合は米国現地で約10%が引かれ、その後、日本国内で約20%課税されます。新NISAを使うと、日本株の課税はゼロ、米国株は現地での約10%の税金だけが引かれます。配当金だけで生活費すべてを賄うには莫大な資産がいりますが、電気代を賄う程度ならわりと実現しやすいことに気づくでしょう。

月3万円の配当金を得るのに必要な資産額

―新NISAの成長投資枠―
―（非課税保有限度額1200万円）で運用した場合―

配当利回り	日本株（非課税）	米国株（税率10%）
3%	1200万円	―
3.5%	1029万円	1143万円
4%	900万円	1000万円
4.5%	800万円	889万円
5%	720万円	800万円
5.5%	655万円	728万円
6%	600万円	667万円

\POINT/

月3万円もらうには1000万円前後の資産が必要。米国株は税金分を考慮して

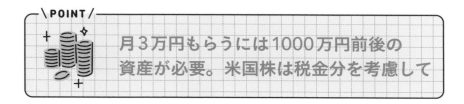

増やす 27

投資手法❷ 高配当株投資

連続増配で配当金が自動で増える

連続増配とは、配当金が増えつづけている状態のことです。たとえば、ＫＤＤＩは21年連続増配しています。22年前には1株２・９円だった配当金が、２０２３年度には１４０円（予定）、約48倍に増えています。米国株には何十年と連続増配している銘柄が日本より数多くあります。

この連続増配銘柄に早く投資することで、最初は利回りが低くても、増配の恩恵を受け続けていけば、投資額に対しての利回りがどんどん上がります。

左の表を増配率（前年の配当に対してどのくらい増加されたか）に着目して見てみましょう。１０００万円を投資したとして、増配率３％の場合、配当金40万円が60歳時点では97万円になっています。対して、増配率７％の場合は、なんと３０４万円に。次に、表の運用年数に着目してみます。同じ増配率３％であっても、40万円でスタートした配当金が、10年後には53万円に、20年後には72万円に増えています。増配率が高いことと、増配が連続することが重要だとわかるでしょう。

増配率別配当金シミュレーション

—元本1000万円・スタート時の配当金が40万円の場合—

年齢	運用年数	増配率3%	増配率5%	増配率7%	増配率10%
30歳	0年	40万円	40万円	40万円	40万円
35歳	5年	46万円	51万円	56万円	64万円
40歳	10年	53万円	65万円	78万円	103万円
45歳	15年	62万円	83万円	110万円	167万円
50歳	20年	72万円	106万円	154万円	269万円
55歳	25年	83万円	135万円	217万円	433万円
60歳	30年	97万円	172万円	304万円	697万円

\POINT/

増配率が数%違うだけで
配当金が大きく変わる！

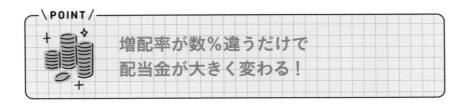

増やす

28

投資手法❷ 高配当株投資

資産拡大には配当金の再投資を

配当金は保有している株数を増やせば、その分増えます。そのため、配当金が出たらそれで株を買い増すことで、受け取る配当金をどんどん増やすことができるのです。元本100万円で買った米国株で、配当金を再投資した場合としなかった場合では、10年で資産額に220万円の差が出たという事例（左の図）もあります。手持ちの資金がない人もこれなら資産拡大が可能ですね。

また、配当金は現金で受け取れるので、同じ銘柄を選択する必要はなく、その時々で割安な銘柄に投資できます。さらにいつ使うかも自由なので、割安のタイミングを待つことも可能。投資信託でもファンド内で得られる分配金はありますが、出た分配金は自動的に再投資に回されます。自由度の高さが株の配当金の利点です。

もちろん、受け取れる配当金がある程度大きい額になれば、それを生活費に充てるのも◎。その後は再投資せず、増配を待つだけでも配当金は勝手に増えていきます。

配当金を再投資する・しないの差

—100万円で買った株を10年間持ち続けた場合—

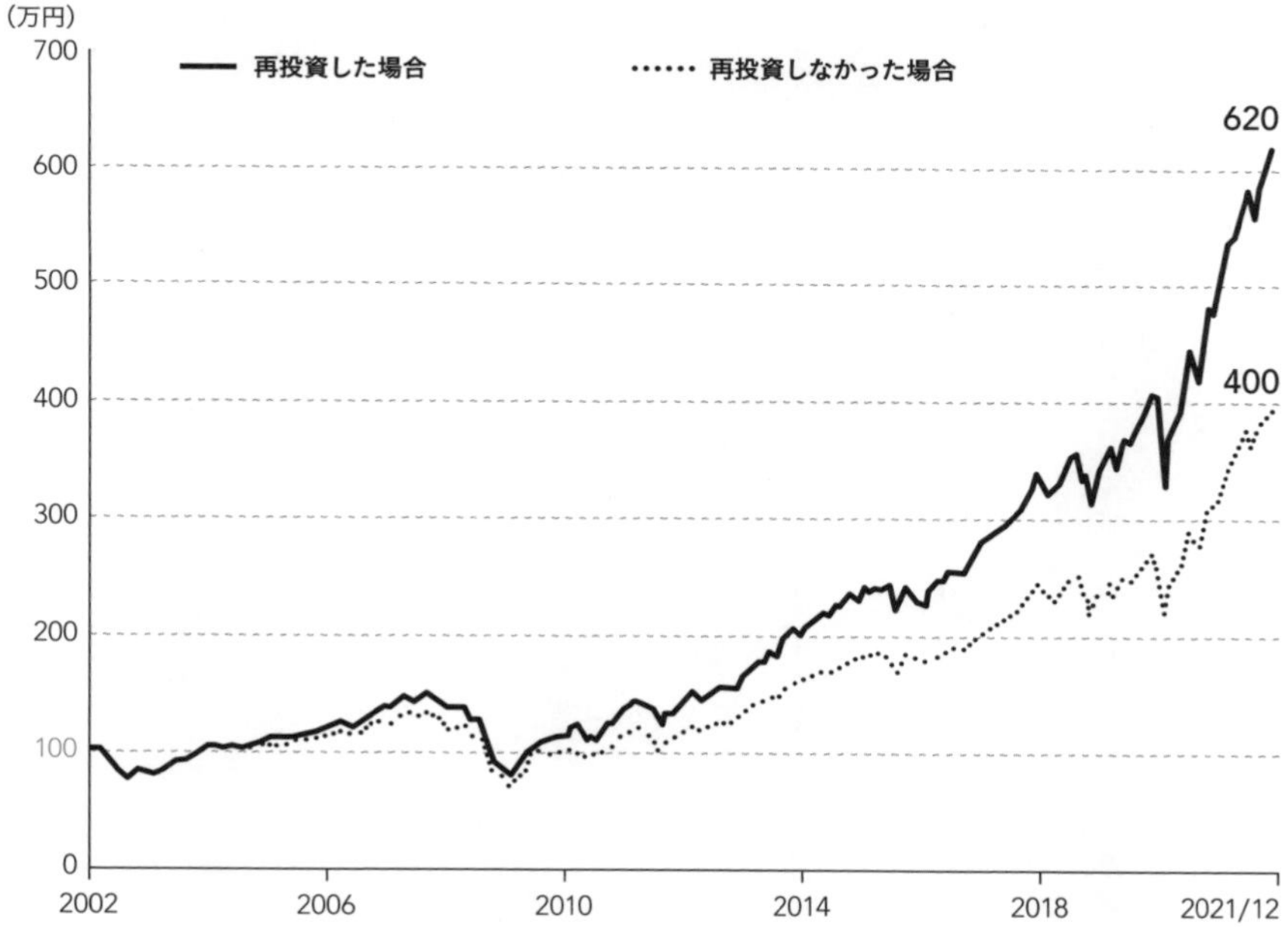

出典：webサイト「マイインデックス」

\POINT/

資産形成初期は配当金の再投資がおすすめ

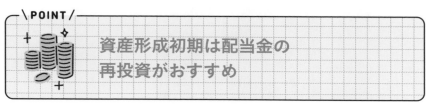

増やす

29

投資手法❷ 高配当株投資
日本株リアル保有率トップ10

僕たちが保有している日本株を保有率順に10銘柄ご紹介します。ここで注目していただきたいのは、トップに来ている銘柄に集中的に投資していないということ。その時割安だと判断した銘柄を購入していったら、評価額の上昇などもあり、自然とこの順位になったということです。

保有配分は1銘柄が大きくなりすぎないように、気を配っています。ある銘柄の配分が大きくなったら、売却して減らすのではなく、新たに株を買うときに、保有比率が低く、かつ割安な他の銘柄を選ぶというふうにして、バランスをとっています。そのため、保有比率が一番高い「東京海上ホールディングス」でも全体の6%ほど。上位10銘柄合わせても40%台です。

もちろん、自分の好きな企業や、今後他社よりリターンが期待できると思う企業には、多めに投資してもよいでしょう。それでも15以上の銘柄に分散するということは心がけたいですね。

アラサー夫婦の日本株保有率トップ10

	銘柄名	証券コード	配当利回り	特徴
1	東京海上ホールディングス	8766	3.62%	損害保険TOP。生命保険・海外保険を拡大中。普通配当は減配なし。
2	全国保証	7164	3.39%	住宅ローンの保証会社。業績も伸びており、営業利益率は70%超え。100株からクオカードの優待あり。
3	三井住友フィナンシャルグループ	8316	4.03%	国内金融グループ2番手。傘下に三井住友銀行。累進配当政策。収益率の高さが魅力。
4	三菱商事	8058	2.81%	総合商社TOP。累進配当政策。ウォーレン・バフェットが投資したことで話題になり、株価も上昇。
5	KDDI	9433	3.15%	通信キャリア2番手。21年連続増配。非通信事業も順調に成長。カタログギフトの優待も人気。
6	伊藤忠商事	8001	2.76%	総合商社2番手。累進配当政策。非資源分野に強みがあり、業績が安定している。
7	大和ハウス工業	1925	3.53%	住宅メーカーTOP。13年連続増配中。配当性向27%と増配の余力あり。1株130円の下限配当あり。
8	日本電信電話(NTT)	9432	2.92%	国内通信TOP。12年連続増配中。株式分割により投資しやすくなった。
9	武田薬品工業	4502	4.13%	40年以上減配がない。2009年から1株180円の配当を維持していたが、24年3月期は188円に増配。
10	沖縄セルラー電話	9436	3.00%	KDDIの子会社。沖縄での通信シェアTOP。自己資本比率80%あり財務優良。カタログギフトの優待も人気。

参照:「YAHOO!JAPANファイナンス」 2023年7月11日現在のデータ

\POINT/

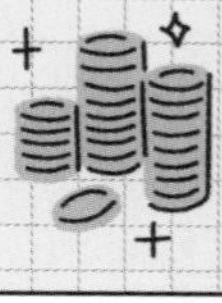

新たに株を買い足すときは
保有比率を見直して、割安な銘柄に

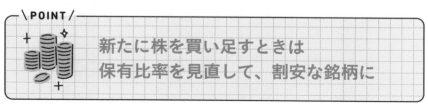

増やす
30

投資手法❷ 高配当株投資

買い時は利回りとPERで確認

僕たちの場合、高配当株を買い始めてすぐにコロナショックがありました。でも相場の乱高下には慣れていたので、売り急ぐことなく、むしろチャンスと安くなった優良銘柄を集中的に買いました。これがのちに大きな資金拡大につながったんです。

ただ、底値を狙って買おうとすると、いつまでも投資できず機会損失になる場合もあります。点ではなく面で「下落傾向」の時に買うくらいの心構えがよいでしょう。小さい下落なら1年の中でも数回はあります。その時に注目すべきはPER。PERとは簡単に言うと利益に対して割安かどうかを判断する指標です。株価がEPS（1株当たりの純利益）の何倍の価値になっているかを表す数値で、15倍以下が割安と言われます。このPERと利回りが過去平均と同じくらいなら少しずつ買い、過去平均より割安なら多めに買えば失敗しにくいです。PERは投資情報アプリで確認できます。また資産の現金比率が高まってきたら、機会損失を避けるために少しずつ買うのもアリ。保有することで下落にも気づけて、買い増しタイミングを掴みやすいです。

暴落時の買うタイミング

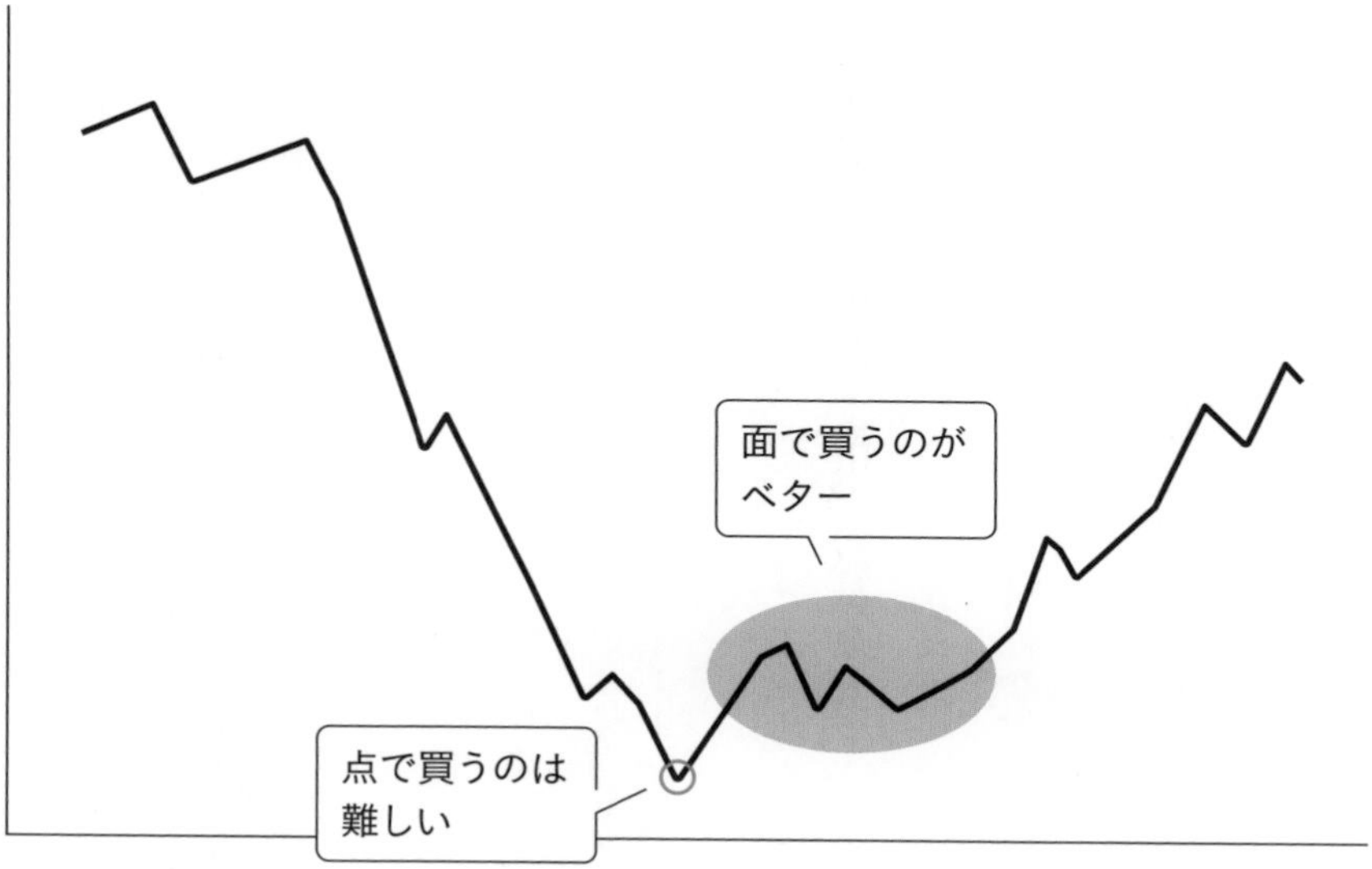

\POINT/

大底がいつなのかは振り返ってみないとわからない。下落局面を通して割安で購入できれば十分！

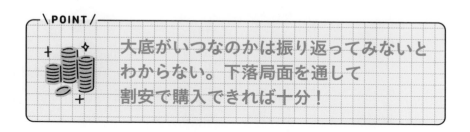

増やす

31

投資手法❷ 高配当株投資

高配当株でも資産拡大は可能？

高配当株投資の利回りは平均して2〜6％程度。1年で投資額が2倍、3倍と増える投資方法ではありません。また、高配当株の企業は成熟した企業が多いです。事業に投資する代わりに、配当金で株主還元している傾向もあるので、株価が急激に上昇するということも起こりにくいです。

だからといって、全く資産拡大できないというわけでもありません。高配当株の銘柄でも、業績が良く、財務が健全で、配当金も増配していくような銘柄であれば、いずれは企業価値に応じて株価上昇も期待できます。実際に、僕たちの保有している高配当株でも購入してから3年ほどで株価が2倍になった銘柄もあります。その意味でも、利回り以外の部分を見ることが重要です。

また、増配された配当金を再投資して株を買い、保有株数を増やしていけば、配当金と資産額の増大、両方を狙うことも可能です。

資産拡大のための銘柄選びの3条件

① 業績がいい

② 財務状況が健全

③ 増配傾向である

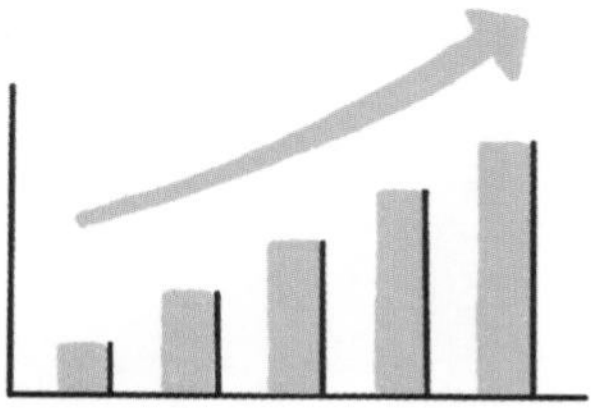

\POINT/

高配当銘柄でも将来性の高い企業なら
株価の上昇は期待できる

増やす

32

投資手法❷ 高配当株投資

初心者は高配当ＥＴＦの投資もあり

Ｐ１１０の「インデックス投資」のひとつとして説明したＥＴＦ（上場投資信託）の中には、金融のプロが高配当株の銘柄を集めた高配当ＥＴＦもあります。プロにおまかせする分、コストはかかりますが、銘柄を選ぶ必要がなく、分散も勝手にしてくれます。また、個別株の場合、その企業の業績が悪化すれば無配や減配が起こりますが、高配当ＥＴＦなら定期的に構成銘柄の入れ替えがあるため、個々の影響を最小限に抑えられるのもポイントです。

ＥＴＦの場合、数十銘柄に分散するので無配になる可能性はほぼありませんが、市場全体の暴落時には減配するリスクはあります。個別銘柄と同じように分配金実績は確認しておきましょう。

おすすめは、企業の情報を調べたり確認したりしやすい日本株は個別株でもち、個別の企業情報を正確に掴みにくく、優良で低コストのＥＴＦがある米国株は、高配当ＥＴＦでプロにお任せする方法です。実際、僕たちもこのように運用しています。

ETFと似ている投資信託との違いは？

	ETF（上場投資信託）	投資信託
売買タイミング	リアルタイム	1日1回
発注方法	成行・指値注文	成行注文
売買手数料	かかる場合が多い	かからない場合が多い
為替手数料	米国ETFはかかる	かからない

＼POINT／

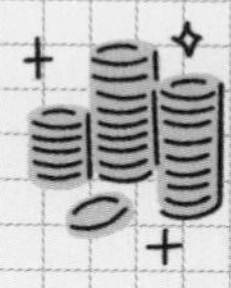

リアルタイムで取引できるので
暴落時に追加投資したい人には
ETFがおすすめ！

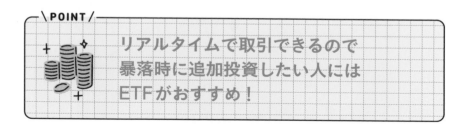

増やす

33

投資手法❷ 高配当株投資

米国高配当株はETFでOK

個別企業への特別な愛着がなければ、米国株は個別株より高配当ETFがおすすめです。日本のETFより信託報酬などの手数料が安く、英語が読めなくても、信用できる高配当ETFをひとつ選べばOKです。アメリカの高配当ETFで有名なのは、SPYD、HDV、VYM、VIGがあります。そのなかで、初心者にまずおすすめするのがVYMです。

VYMとは、大手資産運用会社の「バンガード社」が運用する高配当ETF。配当利回りが平均を上回るアメリカの銘柄約400社に投資するETFで、利回りはそこまで高くありませんが、幅広く分散され、リーマンショック時ですら減配幅を小さく抑えました。現在、12年連続増配中で増配率の高さも魅力です。

もちろん、複数のETFを組み合わせるのもよいでしょう。それぞれの特徴に合わせて選んでみて下さい。高配当ETFの最新情報は僕たちのYouTubeで、3カ月に1度発信しているのでそちらもご覧ください。

アラサー夫婦おすすめの米国ETF4選

	SPYD	HDV	VYM	VIG
運営会社	ステート・ストリート	ブラックロック	バンガード	バンガード
設定日	2015年	2011年	2006年	2006年
経費率（コスト）	0.07%	0.08%	0.06%	0.06%
利回り	4.82%	4.07%	3.32%	1.91%
銘柄数	80	75	約400	約300
分配月	3・6・9・12月	3・6・9・12月	3・6・9・12月	3・6・9・12月
特徴	S&P500の中から高利回り上位80社で構成。分配金に波がある。	財務優良で配当の継続性がある銘柄で構成。	大型株で構成。12年連続増配中。増配率の高さも魅力。	10年以上連続増配している銘柄で構成。値上がり益も期待できる。
おすすめしたい方	できるだけ直近の分配金を多く受け取りたい人。	分配金を多めに安定してほしい人。	分配金の安定感と成長がほしい人。	資産拡大しつつ将来の分配金を最大化したい人。

2023年7月時点のデータ

＼POINT／

どれも優良なETF。迷ったらこの4つから選んでみて

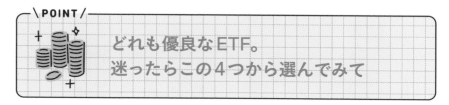

増やす

34

投資手法❷ 高配当株投資

日本株のおすすめETF4選

日本株のETFは手数料が若干高めで、業績が不安定な銘柄も含まれるため、僕たち自身は投資していません。ただ、日本株ETFなら米国株ETFとは違って、円で売り買いができ、受け取る分配金も円になり、為替手数料が不要です。日本株ETFならではのメリットもあるのです。

また、P134でもお話したように、高配当株は15銘柄以上分散して持つのがおすすめですが、それを選ぶのが面倒な人にとっても、金融のプロが選んでくれるETFは便利です。長期保有が基本の高配当株の投資では、自分が年を重ねたときの認知機能低下リスクも気になります。そこで、個別株の分析や判断が難しくなることに備えて、ETFを選択するというのもアリ。ETFと個別株、どちらのメリットも捨てがたいという人は、まずETFでベースをつくり、好きな個別株を数銘柄組み合わせるのもよいでしょう。

次におすすめする4つのETFは、どれも手数料が低めで分散が利いており、分配金実績もまずまずのものです。

アラサー夫婦おすすめの日本株ETF4選

	iシェアーズ MSCIジャパン 高配当利回り ETF	NEXT FUNDS 日経平均 高配当株50指数 連動型上場投信	NEXT FUNDS 野村日本株 高配当70連動型 上場投信	iFreeETF TOPIX 高配当 40指数
設定日	2015年	2017年	2013年	2017年
銘柄コード	1478	1489	1577	1651
経費率	0.209%	0.308%	0.352%	0.209%
配当利回り	2.72%	4.32%	3.64%	3.01%
銘柄数	38	50	70	40
分配月	2・8月	1・4・7・10月	1・4・7・10月	2・5・8・11月
特徴	財務状況や配当の継続性も評価して銘柄選定。HDV(米国ETF)の日本版。	日経平均の中から配当利回りの高い50社で構成される。	国内上場株式から配当利回りの高い70社で構成。過去3年間経常利益マイナスの銘柄は除外。	TOPIXの中から配当利回りの高い40社で構成される。

2023年7月時点のデータ

\ POINT /

利回り3〜4%で運用できるものの米国に比べてややコスト高

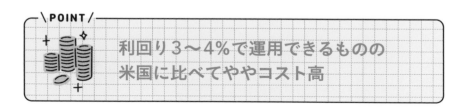

増やす

35

投資手法❷ 高配当株投資

高配当株のポートフォリオを公開

僕たちは米国株については高配当ETFをメインにしつつ、個別株も数銘柄を所有しています。主な高配当ETFはSPYD、HDV、VYM、VIG、PFFD（優先証券を集めた商品）。主な個別株はイギリスのたばこ会社BTI（ブリティッシュ・アメリカン・タバコ）や米国の医療保険会社UNH（ユナイテッドヘルス・グループ）、超高配当銘柄であるARCC（エイリス・キャピタル）やMAIN（メインストリート・キャピタル）などです。

日本株は40銘柄以上の個別株に分散投資しています。40銘柄にも分散すると中にはマイナスになっている銘柄もあります。そういった銘柄であっても、配当金が今後も持続的に得られそうであれば保有します。業績・財務が問題なければ、むしろ買い増すことも多いです。保有銘柄全体でプラスになっていれば、大きな問題ではありません。

高配当株の運用額は2800万円。そのうちの1800万円が米国株で、1000万円が日本株です。

アラサー夫婦の
高配当株ポートフォリオ

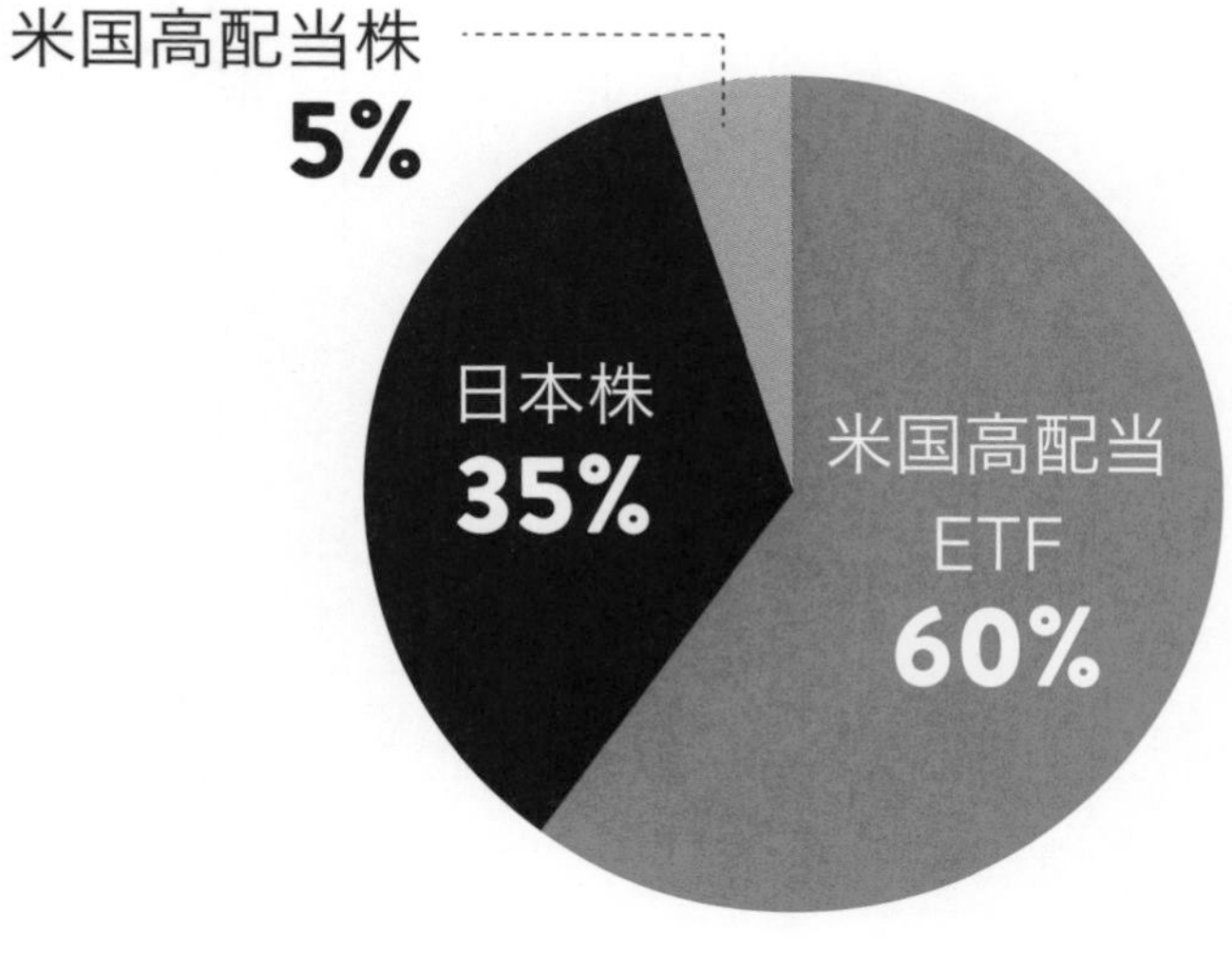

\POINT/

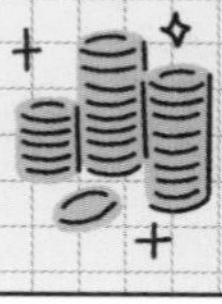

配当利回りの高い米国ETFが多い

投資を成功させる6つのマインド

投資は心理が大きく影響すると言われます。大切なのは、どんなときでも冷静でいることです。

マインド1 投資に期待しすぎない

これまでのまとめとして、投資を成功させる気の持ち方をご紹介しましょう。

1つ目は投資に期待しすぎないこと。投資だけで資産拡大することは初心者には難しいですし、元手も必要です。転職や副業などで収入を上げ、支出を最適化してこその投資。まずは、総合力で勝負しましょう。

毎日株価をチェックし、企業情報を読み込んでも、市場の値動きは複合的な原因が絡むので、結果は神のみぞ知るところです。思い通りにいかないことのほうが多いでしょう。期待しすぎると、メンタルに良くないですし、肝心の〝今〟が楽しめなくなります。暴落期間は数年続く場合もありますし、1〜5年株価が低迷することもざらです。資産運用のシミュレーションをする際にも過去の利回りより少し低めの数値を用いることで、低迷しても問題ない計画を立てています。株価はコントロールできないので、自分ができることに集中するのが得策です。

CHAPTER 4

マインド 2

他人と比較しない

投資の勉強を始めると、いろんな情報が入ってきます。毎月何十万円もインデックス投資している人や、30代で資産を1億円稼いだ人など……。とくにSNSでは短期投資で大金持ちになった人の情報がばんばん流れてきます。

でも、僕たちが目指すのは、ほどよく働き、ほどよく楽する「セミリタイア」で、投資方法は長期保有&ほったらかしのインデックス投資と高配当株投資。短期投資の人たちとは違う「競技」をしているんです。

同じセミリタイア組の中でも、人と比べないことは大事です。元の収入・職業・家族構成がばらばらなんですから、資産拡大の進み具合もそれぞれ違って当たり前です。先にセミリタイアを達成した人たちから学ぶことは大切ですが、過度に自分を追い込まないこと。焦ると、リスクの高い投資法に引っかかりがちです。

マインド3

まずは増やすことより慣れること

最初から大金を投入するのは危険です。はじめの数カ月は少額でつみたてNISAを始めたり、高配当株を1株ずつ買ってみて、値動きの感覚を掴んだり、短期的にマイナスになったとしてもその後回復するといった市場の動きに慣れていきましょう。

僕たちも最初のつみたてNISAは月5000円からのスタートでした。また、インデックス投資も高配当株投資も最初の1～2年は恩恵を感じにくく、含み損になりやすいです。ここで焦ってやめたり、次々と違う投資方法に手を出すと成果が得られません。最初の数年は投資の研修期間と心得て、利益ではなく経験を稼いでると思いましょう。この時培った慣れが、その後の暴落時の買い増しなどにつながります。

マインド4

含み損のときほど初心にかえろう

「含み損」とは、保有する株などの有価証券の時価が、買った時よりも値下がりしている状態をいいます。長期保有のつもりで買った投資信託でも株でも、時価が下がっていくのを見ると早く売って手放したほうが……と思いがち。でも、米国や世界全体が資本主義経済である限り、経済は成長していきます。株式は過去の暴落も数年後には必ず乗り越えてきました。個別株においても、過去の不況を乗り越えて、業績を上げ配当金を出し続けた企業があります。こんな時ほど、当初の目的を思い出しましょう。

インデックス投資も高配当株投資も、長く持つことで将来のお金を増やしたり、配当金でちょっぴり潤いを得るために行っているはず。今使うお金ではないのだから、現状の評価額に振り回されないことが大切です。僕らアラサー夫婦の二刀流投資は、「長い目で見る」が基本です。

マインド5

リスク許容度は思ったより高くない

投資初心者の中には、「多少のリスクをとっても、よりスピーディに資産拡大したい！」と考える人もいるかもしれません。でも、含み損や暴落の衝撃はいったん経験してみないとわからないこと。その時に、大金を投入していたら……後悔、先に立たずですよね。新NISAも制度上は最短5年で非課税枠を埋められますが、生活防衛費（万が一のときのために備えておくお金）も含めてすべてつぎ込んでしまうより、10年程かけて金額と時間を分散したほうが初心者は上手くいきやすいはずです。最初は「ビビりすぎ」くらいがちょうどいいでしょう。特にお子さんがいたり、もともと生活防衛費が少なかったり、収入が不安定ならなおさらです。1年間の生活費を算出し、その分の現金は確保した状態で、余剰資金で投資するようにしましょう。

マインド6

銘柄選びより資産配分が大事

よく、「なにに投資したらいいですか？」や「米国株と全世界株で迷います」といった相談を受けます。ただ実は、なにに投資するかよりも、どんな資産をどれくらいもつかのほうが重要です。これを資産配分（アセットアロケーション）と言います。資産配分とは、株式や不動産、債券、金、現金などの割合のことです。投資の世界ではこの資産配分が運用成果の9割を決めると言われます。

僕らの場合は、現金が10％で株式が90％。資産4000万円のうち現金は400万円で、これはかなりリスクの高い資産配分です。現金400万円のうち、250万円が1年分の生活防衛費。残りの150万円が暴落時などに動けるように確保している追加投資費です。これだけ現金配分を少なくできるのは、まだ30代で運用期間を長く取れるし、やり直しがきく年齢でもあるから。これが50代なら現金や債券などの安全資産と、株式や不動産などとを半々に配分するのがいいと思います。年齢に見合った安全資産を持つことが大事です。

こんなときどうする？

教えてアラサー夫婦

僕たちのYouTubeにもよく寄せられるものを中心に
投資初心者が悩みがちな疑問にお答えします。

Q 円安時は米国株を買わないほうがいい？

A 円安時でもあまり気にせず買っています。為替より株式のリターンを優先しましょう

フォロワーさんからよく聞かれる質問がコレ。米国株に投資するとき、円からドルに換えてから投資するため、確かに円安時は円高時より割高になります。ただ、僕たちがほしいのは為替差益ではなく、株式のリターン。値上がり益や配当金は株を保有しない限りもらえません。為替を意識して投資控えをすれば、本来の株式のリターンを逃していることになり、本末転倒です。

理想はもちろん、円高の時に買い、円安の時に売ることです。でも、そのチャンスが来なくても、まずは買って、株式のリターンが得られたらOKと考えましょう。

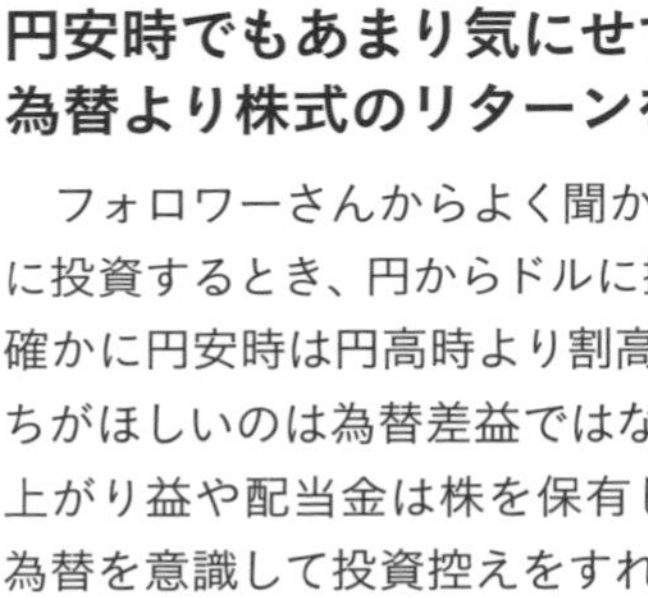

CHAPTER 4

Q 高配当の景気敏感株は手を出すべき？

A お試し買いはあり。ただし、世の中の情勢によって大きく変動する可能性も

高配当株には、景気敏感株とディフェンシブ株の２種類があります。景気敏感株とは、経済動向によって業績が大きく左右される企業の株のことで、鉄鋼や化学、繊維などの素材産業や、海運（物流）や卸売（仲介）などがそれにあたります。一方、ディフェンシブ株とは、その逆で、景気に左右されにくい企業の株のこと。主には、食品、医薬品などの生活必需品やインフラ系の国内企業です。

一時期、日本郵船や商船三井がコロナ特需で株価が上昇し利回りもかなり高くなりました。しかし、この特需も終わりが見え、2024年３月期の配当予想は両社とも前年比大幅減配を発表しています。安定した配当金を得るためには、KDDIなどのディフェンシブ株を多めに持ち、景気敏感株は持つとしても少なめにするか、不況時に大きく下落した局面で投資するのがおすすめです。

Q 株主優待株も考えたほうがいい？

A 株主優待はあくまでおまけとして考えるべき

テレビなどでよく投資初心者向けにおすすめされるのが、「株主優待」がもらえる株。もちろん、もらえたらうれしいですが、カタログギフトやファミレスのお食事券などは、本当に欲しいものでしょうか？　それよりも配当金として現金でもらったほうが自分の使いたいことに使えますよね。

じつは株主優待制度は日本国内特有の制度で、海外の投資家は投資しても優待がもらえないため、不平等だと言われ、それが海外からの資金流入の妨げにもなっているんです。昨今では優待を廃止する傾向も。

株主優待はあくまで配当金＋αで「もらえたらラッキー」くらいなものと考えるとよいでしょう。僕たちが持っている優待株も、まず配当金の利回りが3%以上あって、それにおまけとしてカタログギフトなどが付いてくるものばかりです。

Q 含み益が大きくなったらいったん売却する？

A 短期売買は考えないでいいです。買い直すと、手数料も必要に

持っている高配当株の株価が上がった時、「今売却したほうが、ちまちま配当金を受け取るよりいいのでは？」と考える方もいると思います。もちろんそれもアリですが、売却したらその後配当金はゼロになるということを念頭におきましょう。「じゃあ、その株を売ったお金で再投資すればいいのでは？」と思うかもしれませんが、株価が以前より上がっている中、再度買い直しするのは心理的なハードルが高いです。しかも、米国株の場合は売買手数料もその都度かかります。高配当株は購入したら一生保有するくらいのつもりでいるのが無難です。

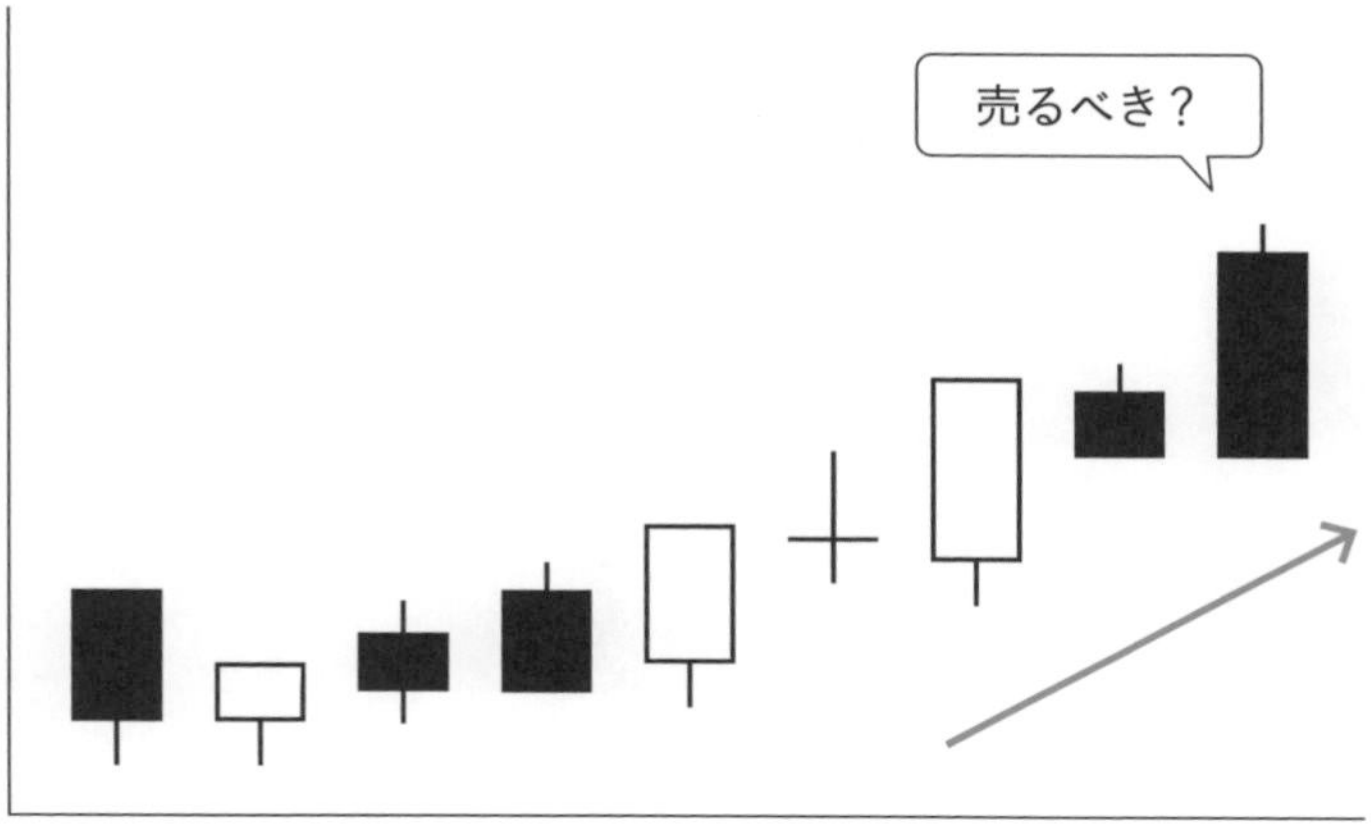

Column 04
Glossary

おさえておきたい投資用語集

●売上高
企業が商品やサービスを提供して得られた売上の総額。

●営業利益
企業が本業で稼いだ利益のこと。売上総利益から販管費を差し引いたもの。

●純利益
企業が本業で稼いだ利益から売上原価や販管費、税金などすべての費用を差し引いたもの。最終的な企業の利益。

●自己資本比率
返済不要の自己資本がどれだけあるかを示す。財務の安全性を表す。40％以上は欲しい。※金融・リース系は低くてOK。

●時価総額
企業規模を示す指標で、株価×発行済株式数で算出。これが大きい企業＝大型株。

●権利付最終日
権利確定日の2営業日前。この日までに株を持っていれば配当金をもらえる。

●権利落ち日
権利確定日の1営業日前。この日に株を売っても配当金はもらえる。

●権利確定日
優待や配当金など株主の権利が得られる確定日。この日に買っても配当金などはもらえないので要注意。

●ディフェンシブ
景気の影響を受けにくい企業のこと。ヘルスケア・通信など。景気安定株とも。

●外国税額控除
外国の株などの配当金にかかった外国の税を取り戻せる制度。

●増配

配当金が前期より増えること。例）１００円から１２０円になり、20円増配。

●減配

配当金が前期より減ること。例）１００円から80円になり、20円減配。

●無配

配当が全くなくなること。例）業績悪化に伴い、１００円からゼロ円と無配に。

●連続増配

連続して増配すること。

●配当性向

純利益のうち配当金に充てている割合。目安は30～50％。これが高すぎると増配の余力がないと判断できる。

●配当推移

これまで支払ってきた配当金の実績。

●配当方針

配当金をどういった方針で払うかを示したもの。企業ＨＰに記載あり。

●配当控除

日本株の配当金にかかった税金を取り戻せる制度。

●累進配当政策

配当金を減らさずに維持・増配していく配当方針のこと。

●分配金

投資信託やＥＴＦの運用利益や元本から、資産の一部を払い戻すお金のこと。

●ＥＰＳ

１株当たりの純利益のこと。業績を見るうえでこれが伸びているかが重要。

●ＲＯＥ

自己資本利益率。純利益÷自己資本＝ＲＯＥ（％）。経営の巧さ、効率性を表す。10％以上あるとよい。

●ＲＯＡ

総資産利益率。純利益÷総資産＝ＲＯＡ（％）。経営の巧さ、効率性を表す。5％以上であるとよい。

CHAPTER 5

セミリタイア達成後

目標にしていた資産を築き
２０２２年６月に沖縄暮らしをスタートしました。
それまでの慌ただしい日常とは違い
ゆっくりと流れる時間を感じながら
好きなときに好きなことをして過ごす
理想に描いた暮らしを楽しんでいます。
そんなセミリタイア後のリアルな日常をご覧ください。

セミリタイア達成後

01

沖縄での暮らし

2022年6月から念願叶って、沖縄でのセミリタイア生活をスタートさせました。夜遅くまで遊んで飲んで、昼頃起きて……と、ダラダラ怠惰な生活をイメージされるかもしれませんが、意外と規則正しい生活をしています（笑）。毎朝7～8時の間には起きて、夜は0時までには寝ているんですよ。健康第一ですからね。

朝起きたらまずカーテンを開けて天気をチェック。晴れていたら、海まで散歩したり、買い物に行ったり。雨ならだいたい自宅で仕事をしています。ただ、雨の日も1日1回は必ず部屋から出て、外の空気を吸うようにしています。

今の仕事は主にＹｏｕＴｕｂｅの動画配信とインスタグラムの投稿ですが、それも気分次第で作業時間は大きく変わります。8時間みっちりやる日もあれば、2～3時間だけの日も。できるだけ午前中に仕事を終わらせて、午後は本を読んだり、今後のやりたいことに向けての準備をしています。まさに晴耕雨読の生活です。ジムへ行ったり、セミリタイア前に失敗した植物の栽培に再チャレンジもしています。

妻の仕事はＳＮＳのコメントやＤＭ（ダイレクトメッセージ）の対応、動画のイラストやデザイン配置など。元々趣味だったイラスト制作も、発注を受けて対価を頂くことも増えてきました。あとは趣味でお菓子やパンを作っていますが、この先、副収入にも発展しそうです。妻は妻で、今後の理想の暮らしに向かって邁進しています。もちろん、念願だった海遊びも、思う存分楽しんでいます。

セミリタイア生活を実際にやってみて気づいたのが、どうしても二人きりの閉じた生活になりがちということ。元々、夫婦別々のことをしている時間は多かったのですが、意識的に外出したり、友人たちの集まりに積極的に顔を出して、息抜きできる機会を積

妻の手作りのクッキー。毎日の食事も妻が作ってくれます。

極的につくっています。

　左がある1週間の僕たちのスケジュールですが、資産運用のためにわざわざ確保している時間は「ほぼ」ないということにお気づきでしょうか。これが、ある程度ほったらかしでもいい、インデックス投資と高配当株投資の利点。どんな方法で資産運用するかによって、セミリタイア後の自由時間は大きく変わると思います。

午前中に仕事を終わらせて、午後はゆったりと沖縄を満喫することも。

夏は、週に一度は夫婦でシュノーケリングを楽しみます。セミリタイア後の、なによりの贅沢です。

ある1週間のスケジュール

	MON	TUE	WED	THU	FRI	SAT	SUN
6:00	起床 朝食 DM送信 畑仕事	起床 朝食 DM送信	起床 朝食 DM送信 夫：コワーキングスペース	起床 朝食 DM送信	起床 朝食 DM送信 夫：コワーキングスペース	起床 DM送信	起床 朝食 DM送信
9:00			妻：買い物、お菓子作り	シュノーケリング	妻：買い物、イラスト作業	朝食 YouTube、インスタグラムの編集作業	おでかけ
12:00	お昼休憩 畑仕事	釣り	昼食 夫：YouTubeの撮影	帰宅 釣り	散歩 帰宅	昼食 YouTube、インスタグラムの編集作業	
15:00				帰宅 夕食	YouTube、インスタグラムの編集作業	妻：買い物、イラスト作業	帰宅
18:00	帰宅 夕食 YouTube、インスタグラムの編集作業	帰宅 夕食 YouTube、インスタグラムの編集作業	夫：筋トレ 妻：ウォーキング 夕食 夫：読書	YouTube、インスタグラムの編集作業 晩酌	夕食 妻：ウォーキング	夕食 妻：パン作り	夕食 YouTube、インスタグラムの編集作業
21:00	就寝	就寝		夫：読書 就寝	友人とリモート飲み会	インスタLIVE	夫：読書 就寝
24:00			就寝		就寝	就寝	

セミリタイア達成後

02

地元の方との交流

セミリタイア後は個人事業主として家で働く人も多いと思います。そうすると、悩ましいのが友人づくり。セミリタイア×移住の場合は、なおさらです。僕らは、「沖縄移住」をテーマにSNSをやっていたため、そこで地元の方々や、先輩移住者たちと、移住前から知り合うことができました。

現在、晴れた日には釣りと農業をしていますが、どちらもSNSでできた友人つながり。農業は友人の畑の手伝いで、ニンジン、ホウレンソウ、青ネギ、ルッコラ、ベビーリーフ、ブロッコリーといった野菜から、沖縄ならではのバナナやドラゴンフルーツも育てています。釣りも別の友人から習って、自給自足とまではいきませんが、夫婦だけでも少しなら釣れるようになってきました。

SNSで自分たちの価値観を発信しておくと、共感してくれる人や仲間との出会いのきっかけとなり、やりたいことを実現しやすいんです。僕たちだけではこんな暮らしは実現できませんでした。

畑の師匠から教わって農業にも挑戦

畑で農作業するのにも、だんだん慣れてきました。都会では味わえなかった楽しみです。

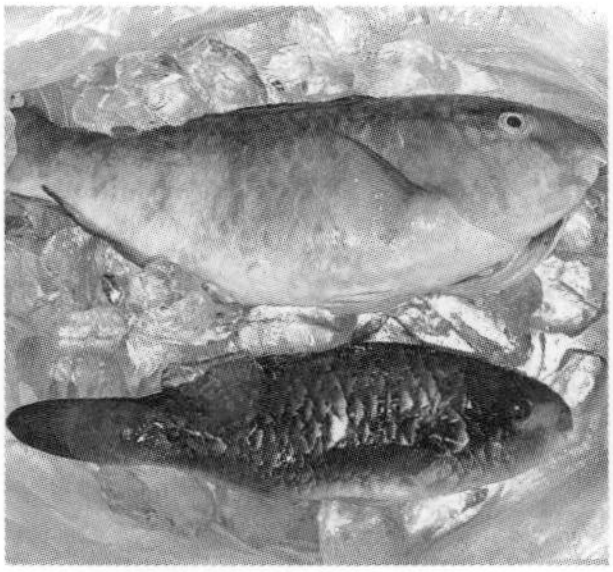

友人と一緒にモリ突きに行ったとき、友人が獲ってくれました。南国の魚も意外とおいしい！

どんな料理でも使いやすい甘日ネギを栽培。丈夫で、すぐに収穫できるのはうれしいです。

セミリタイア達成後

03

1カ月の生活費は14万円

セミリタイア前は約18万円だった生活費が、沖縄移住後は社会保険料や税金をのぞけば14万円と大幅に下がりました。家賃は、8畳の1Kで浴槽なし・シャワーのみの物件で、共益費込みで3万2000円。セミリタイア前の約半分です。娯楽費も大幅ダウン。なぜならビーチに行くのはタダ。タコライスを買ってビーチチェアに座ればそれだけでも満足です。ジムは市営で1時間なんと110円。月2500円弱で健康維持できちゃいます。美容院代は、妻が黒髪のロングヘアーに変えたことで、行く頻度が減りました。僕も会社員時代にはできなかったロングヘアーに憧れて伸ばし中です（笑）。

増えたのは車関連の費用。中古車を買ったので、ガソリン代や自動車保険、駐車場代が増えました。食費や外食費は以前と変わらず節約していません。とくに外食は今まで食べたことのない沖縄ならではの料理と出合えるので、僕たちの大きな楽しみです。

移住後2023年1月の生活費

家賃（共益費含む）	32000円
光熱費	13033円
車両維持費	14329円
通信費	6560円
食費	39802円
外食費	18550円
日用品費	9518円
美容費	1000円
娯楽費	2720円
ジム費	2420円
国民年金	33980円
国民健康保険	30270円
合計	**204182円**

POINT

車が不要であれば 生活費をより下げられる

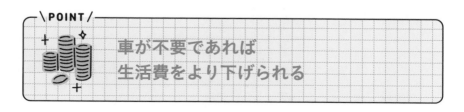

セミリタイア達成後

04

セミリタイア&移住で変化した価値観

セミリタイアをして、じつは仕事が楽しくなりました。自由に働けるようになり、僕たちは働くことが嫌だったのではなく、働き方が嫌いだったのだと気づいたのです。そして移住先で、僕たちのようなセミリタイア組や脱サラして農業を始めた人など、様々な人に出会ったことで、いろんな生き方があっていいいと思いました。

また、セミリタイアしたといっても、社会の中で生かされているんだということにも気づきました。日本なら電気・水道などのインフラも整備され、病気になっても適切な医療を受けられます。完全に社会から離れて生きている現代人はいないでしょう。独立した個人ではなく、社会の一員としての意識はもち続けたいです。今は、YouTubeで発信したことでフォロワーの方に感謝されたり、農業を教えてくれている師匠から野菜をもらって、それで野菜ケーキを作ってお返ししたりと、お金は関係なく、人の役に立てることに喜びを感じるようになりました。お金のしがらみから解放されたといってもいいかもしれません。

会社員時代にできなかったことを今楽しめています

SNSで知り合った仲間と海でバーベキュー。同じ価値観の人が近くにいることは心の大きな支えに。

好きなときに海を眺め、好きなときに仕事をする——。時間の使い方は、セミリタイア前と大きく変わったことのひとつです。

セミリタイア達成後

05

セミリタイア&移住してわかったメリット・デメリット

セミリタイア&移住のメリットはたくさんありますが、一言でまとめると、「自分で自分の人生をコントロールできる」に尽きます。たとえば、仕事を自分で選べるので、苦手な人と無理に付き合う必要がありません。ニッチなところでは、会社にあわせてゴールデンウィークやお盆など、混んでいて旅行代金の高い時期に休暇を取る必要はなく、安くて空いているシーズンオフに旅行にふらっと出かけられます。また、生活費を確保できているので、やってみたかった勉強や、お金にはならないけれど興味のあったことにも、挑戦できます。何をするにもフットワークが軽くなります。

デメリットは、メリットの「自分で自分の人生をコントロールできる」と表裏一体。なんでも自分で選択し、決定し、その責任を自分で負わなければいけません。逆にこのマインドがないと、セミリタイアは難しいでしょう。どこに投資するか、どれくらい働くかもそうですが、地味なところでいうと、社会保険や税金の支払いも自分で管理しなければいけません。僕たちも、退職後、いかに会社に守られていたのかを実感しました。

CHAPTER 5

デメリット

- だらだらするのは飽きる
- 自己管理が必要
- 自宅で仕事していると
  運動不足になりがち
- 実家や地元には帰りにくい

メリット

- 時間に縛られずに行動できる
- 苦手な人と
  無理に付き合わなくていい
- やってみたかったことに
  挑戦しやすい
- 会社や同級生以外の人と友人に
  なったり、人とのつながりをもてる
- 新しい学びや発見が増える
- 好きな時に仕事ができる（選べる）
- 友人から遊びに誘ってもらいやすい
- 値段が安く、
  空いている平日に旅行できる

＼POINT／

メリット・デメリットを把握して
セミリタイア後の生活をイメージしよう！

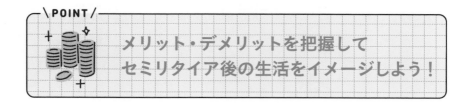

セミリタイア達成後

06

これからの展望「5年後は海外で暮らしているかもしれない」

実は僕たちは、FIREという生き方にリスクを感じています。人的資本は活用せず、金融資産に依存しているからです。投資はこれからも坦々と焦らず続けていきますが、金融資産に頼りすぎないと決めています。今は、移住先で農業や釣り、地元の友人との交流を通して、人的資本・社会資本をつくっているところです。金融資産は大事ですが、結局数字的なもので、暴落すれば減ります。でも、人とのつながり、コミュニティの中での役割は簡単には消えません。

やりたい仕事をやりたい量やって、自分のできる範囲で困っている人の役に立つ活動もしていきたい。具体的にいうと、いつかは個別相談サービスやセミナーなどをして、自分たちと同じようにゼロベースからセミリタイアを目指す人たちの手助けをできたらと構想しています。

農業ももっと経験を積んで、半自給自足レベルくらいになれたらなと思っています。僕個人としては、「貯筋」して海が似合う体になりたいですね（笑）。

家族に沖縄旅行をプレゼントしたときの様子。喜んでくれる姿を見るのが、僕たちにとっての贅沢でした。

また、お金を貯めるだけでなく、使う技術も磨いていこうと思っています。長らく貧乏だった僕らは、お金を使うのが本当に下手なんです（笑）。いまだにシャワーのみの物件で、仕事部屋もなく、普段履いているのは600円で買った島ぞうりですから。お金があることによる安心感や自由な時間を得つつ、一方で余剰資金は幸福を感じられるものに使っていく。このバランスを大事にしたいです。P11でお話しした、家族への沖縄旅行のプレゼントは、僕らの理想のお金の使い方でした。

夢だった沖縄移住を叶え、今は毎日が本当に幸せです。畑や植物栽培もありますし、しばらくは沖縄暮らしを満喫すると思います。ただ、実際に移住してみて、パソコンさえあれば、どこでも暮らせるんだということも実感しました。この先は、日本国内のみならず、海外移住もありかも……。また、このライフスタイルであれば、1カ所ではなく、複数の拠点を旅しながら暮らすというのも実現可能です。

沖縄の果てしなく青い空のように、無限の可能性を感じています。

透き通るような青い海が広がる沖縄は妻にとって最高の場所。より美しい場所を求めて、数年先は海外で暮らしているかも。

沖縄の代表的な植物ハイビスカス。いたるところで咲いており、南国の花を身近に感じられるのはうれしいこと。

セミリタイアを目指している方へ

人生、なにがあるかわかりません。実際、僕の祖母も妻の祖父も今年亡くなり、改めてそう感じました。人生は一度きり。死ぬ前に後悔することを一つずつ減らしていきましょう。本当は夢を追いかけたかった？本当はやりたい仕事が他にあった？本当はもっと友人や家族との時間を大切にしたかった？悔いを残さないよう、今からでもできるのが、「自分で自分の人生をコントロールできる」セミリタイアです。

セミリタイアは理想の生活をするためのチケットです。最初から完璧を目指す必要はありません。いきなり会社員を辞めずとも、時短勤務にしてみるとか、夫婦で取り組むなら、まずは片方が先にシフトダウンしてみるとか、徐々に理想のバランスに移行していけばいいのです。

セミリタイア実現までの過程も楽しむ姿勢が大事です。だんだん増えていく資産額、深まる金融知識、時には手痛い失敗も。それも今は全部、僕らにはいい思い出になっています。副業で育てたコウモリランで部屋をジャングルにしちゃったことも。冷蔵庫に洗面所にトイレ、寝るときに見上げる天井にまで、目標の紙を貼りだしていました（妻は苦笑いです）。でも毎日、目標に向かってワクワクしていて。青春でした。

お話しした通り、最初僕らは６００万円の借金がありました。学歴もお金の知識も実家の資産もなく、なにも持っていませんでした。夜遅くまで肉体労働をし、体も心も疲れ切って……。体調の悪い日も我慢して仕事場へ向かうのが当たり前だったんです。

自分の人生が、自分のものではありませんでした。といっても、会社のみなさんは本当によくしてくださいました。辞めるときにも、「沖縄に知り合いがいるから困ったらここを頼れ」と社長は言ってくれて。僕らは会社に使われていたというわけではなく、お金に使われていたんだと思います。

それが、金融知識を手に入れ、投資をして、やっとお金を使う側に回れた。そして、自分の人生を初めて自分でコントロールできるようになったのです。

こんな僕たちができたんだから、あなたにもきっとできる。

この本でも、ＳＮＳでも、僕らは自分が本当にいいと思ったことしか伝えていません。すべては実体験に基づいています。失敗やデメリットも包み隠さずお話ししました。

どうか、この本があなたのお役に立てますように。

あなたの人生があなたの手に戻ってきますように。

最後に私事で恐縮ですが、突然のセミリタイア宣言に反対することもなく、節約生活に不満を漏らさず、いつもニコニコ「それ、いいね」と頑張ってくれた妻に、この場を借りてお礼を言わせてください。


一人じゃここまでこられなかった。

僕をこの沖縄に連れてきてくれたのは、あなたです。

ありがとう。

この本だけの動画特典

証券口座の開設と
つみたてNISAの設定方法をまとめた、
この本**オリジナルの限定動画**を
下記のQRコードよりアクセスし、ご覧ください。

※情報は2023年7月時点のものです。紹介した内容が変更される場合がありますのでご了承ください。また、この動画は特定の証券会社への勧誘を目的としたものではありません。この動画を視聴するにあたり発生する通信費は、お客さま負担となります。

必ずお読みください

- 本書は情報提供を目的としており、特定の商品や投資その他の勧誘を目的としたものではありません。また、本書に記載している投資情報は、本文中に記載がない限り、2023年7月時点のデータに基づいています。現在と変更されている場合がありますので、ご了承ください。資産運用におけるシミュレーション結果には、税金は考慮していません。
- 投資にはリスクがあります。いかなる損失を被ろうと著者および出版社は一切の責任は負いません。実際の投資はすべてご自身の責任でご判断ください。

沖縄移住アラサー夫婦

夫は1990年に、妻は1991年に関西で生まれる。夫は専門学校卒業後、理学療法士として、妻は高校卒業後、アパレルショップの販売員として働く。本業の傍ら副業を始めたり、家計費を見直したりして資産を増やし、2022年、沖縄移住の夢をかなえる。翌年、資産4000万円を達成。YouTube、Instagram、Twitterにて、資産形成に関する情報を発信中。

YouTube　Instagram　Twitter

7年で資産4000万円を達成した
アラサー夫婦の
ゆる早セミリタイア

著　者　沖縄移住アラサー夫婦
編集人　森 水穂
発行人　倉次辰男
発行所　株式会社主婦と生活社
〒104-8357　東京都中央区京橋3-5-7
編集部　03-3563-5199
販売部　03-3563-5121
生産部　03-3563-5125
https://www.shufu.co.jp/

製版所　東京カラーフォト・プロセス株式会社
印刷所　大日本印刷株式会社
製本所　小泉製本株式会社

ISBN 978-4-391-16032-1

STAFF
取材・文　清 繭子
イラスト
沖縄移住アラサー夫婦（似顔絵）
ナカオテッペイ
デザイン
菅谷真理子（マルサンカク）
校閲　鷗来堂
編集　大西逸平